公立・民間試験に対応

保育士 幼稚園教諭

採用試験 面接試験攻略法

改訂版

LEC 東京リーガルマインド講師

木梨美奈子

保育士・幼稚園教諭の仕事に求められる人材

　保育士や幼稚園教諭などを保育者といいます。保育者は、子どもの保育をすることが仕事です。「保育」というと、小さな子どもを相手にするように思えますが、実はそれだけにとどまりません。勤務する施設によっては、18歳までの子どもに対して生活や教育の指導をおこなったり、施設を退所したのちのフォローを続けることもあります。また、子どもの保護者が、不安なく育児ができるように援助することも保育者の役割です。**つまり保育者とは、さまざまな生活環境にある子どもや保護者に対して、成長や子育ての全般を長期間にわたってサポートをする人を指します。**そのため職場では、責任感と社会人としての常識を備えた人材が求められています。

重視される面接試験

　公立施設と民間施設、どちらの採用試験においても、面接試験が重視される傾向にあります。面接試験では、書類審査や筆記試験ではわからない受験者の人物像をつかむことができるからです。「保育の仕事にどれだけ熱意をもっているのか」「その熱意を自治体や施設でどのように発揮したいのか」というあなたの素直な気持ちを、面接官は知りたがっています。**保育者として、あなたが社会にどんな貢献ができるかを面接官にアピールする場が面接なのです。**情熱をもって自分を売り込みましょう。

堂々と自分を
アピールしよう

背筋をのばして、
視線はまっすぐに

なりたい保育者像を描こう

採用される人の特徴

① 保育者の仕事や、採用先での仕事に対して熱意がある

② 根気強く保育の仕事に取り組める

③ 言葉遣いや身だしなみなど社会人としてのマナーが身についている

　「保育者になりたい」「この自治体・施設で働きたい」と本気で思っている人の自己PRや志望動機は、「ここで保育者として働きたい」という強い気持ちが面接官に伝わりますので、根気強く保育にあたれる人材であると見なされます。また、正しい言葉遣いや身だしなみをしている人からは、面接に対する真剣さが見えるだけでなく、子どもを指導する人物としてもふさわしいと判断されるのです。

面接に合格できない人の特徴

① 自己PRや志望動機があいまいで、熱意が感じられない

② すぐに仕事を辞めてしまいそう

③ 言葉遣いが悪く、社会人としてのマナーが身についていない

　保育者の仕事はとてもハードですので、保育の仕事内容や子どもへの関心が薄い自己PRや志望動機を話す人には、面接官は「保育の仕事には耐えられないのでは？」と判断してしまいます。特にあきらめの早そうなタイプの人は、根気強く保育をおこなうのに向いていないと思われがちです。
　そして、社会人としてのマナーを身につけていない人は、子どものお手本となる保育者としてふさわしくありません。特に言葉遣いが乱れていると、面接官に好印象を与えることは難しくなります。

面接における受験者の悩みは?

　人生においてはじめて面接試験を体験する人も多いことでしょう。しかも社会人の先輩である面接官を前にすると、どんな人でも緊張してしまうものです。緊張していると、自分を必要以上によく見せようとしたり、「自分はダメだ」とネガティブな気持ちになってしまいますが、まずはありのままの自分を素直にアピールすることに集中しましょう。

　また、マニュアルや模範解答を丸暗記したような応答では、面接官には「何かのマネだな」と見抜かれてしまいます。面接試験では、どんなにぎこちなくても、自分の言葉でアピールすることが大切です。あなたの心から出た本気の言葉は、面接官に強く残るはずです。

面接は事前の練習が大切

　面接試験で面接官への印象を大切にするには、事前の練習が重要です。面接の練習を家族や友人に見てもらったり、携帯電話などで録画して、客観的に面接時の自分をチェックしてみましょう。また、日常でも言葉遣いを正したり、座ったときの姿勢を確認するなど、常に面接を意識して生活することが大切です。コツコツと練習を繰り返すことで、面接時に自然と正しいふるまいができるようになり、それが好印象につながります。

持ち物のチェックを忘れずに

鏡で話し方をセルフチェック

面接官の話を聞く力も必要

面接官の立場になってみよう

　面接官は、面接試験で受験者のどんな部分を見て、何を求めているのか。それを面接官の視点から考えてみると、対策が立てやすくなります。

　もしあなたが面接官だとして、面接室に入ってきたときにあいさつをしない受験者に対して、好感を抱きますか？　保育者としての適性に欠けるような自己PRや、自治体や施設について理解していないような志望動機を話す受験者を、採用したいと感じますか？

　面接官は、ともに保育者として働く仲間を受験者の中から探しています。つまり、保育の仕事に情熱をもち、協力し合って取り組める人材を求めているのです。受験者の話し方や話の内容に、保育の仕事に対する熱意と責任感があると認めたなら、面接官はその受験者と「一緒に働きたい」と感じるものです。保育者としての能力や知識・技術よりも、あなたの保育者になりたいという熱意を面接官に伝えるのが、面接試験なのです。

「面接試験では、何を話せばいいの?」

「自分のどんな部分をアピールすればいいのかわからない」

「わからないことを聞かれたら?」

面接試験に対して、このような不安を抱えている人がたくさんいます。それは「自分はどうして保育者になりたいのか」という、あなたの気持ちに答えを出すことで解決できます。本書はその答えの導き出し方はもちろん、面接時の質問への回答をつくる方法まで紹介しています。本書を十分に活用し、保育者として働く夢をかなえる第一歩を踏み出しましょう!

本書の使い方

STEP **1** 保育士・幼稚園教諭の就職に関する基礎知識を知ろう！
現在の保育現場の状況を把握して、就職活動の疑問を解消します。

→ Chapter **1** 保育士・幼稚園教諭 就職活動のギモン

STEP **2** 面接試験の内容を知ろう！
面接試験では何がおこなわれるかがわかります。

→ Chapter **2** 面接試験の基礎知識

STEP **3** 面接準備に必要なことを知ろう！
マナーや身だしなみなど、当日までに準備したいことをまとめています。

→ Chapter **3** 面接当日までにすること

STEP **4** 集団試験への不安を解消しよう！
集団面接と集団討論のポイントをまとめています。

→ Chapter **4** 集団面接&集団討論の攻略法

STEP **5** 個人面接の突破力を身につけよう！
個人面接で話す自己PRや志望動機のつくり方を解説しています。

→ Chapter **5** 個人面接の攻略法

STEP **6** 面接質問に対して、自分なりの回答をつくろう！
面接で頻出の質問への回答例と、回答のポイントを説明しています。

→ Chapter **6〜9** 頻出質問へのベスト回答

STEP **7** 合格に近づく論作文・作文の書き方をマスターしよう！
論作文・作文の書き方のマナーと、論理的な記述方法を解説しています。

→ Chapter **10** 論作文・作文 基礎の基礎

■ 本書は、保育士・幼稚園教諭をめざす人が受験する面接試験の対策を紹介しています。面接に関する基礎知識から、自己PRと志望動機のつくり方、よくある質問への回答例など、実践的な内容を盛り込んでいます。

■ どのページからも読み進めることができますが、左ページのSTEP1～7の流れに沿って読み進めることで、面接突破に必要な知識や考え方を、一連の流れの中で身につけることができます。

回答例ページの見方（Chapter6～9）

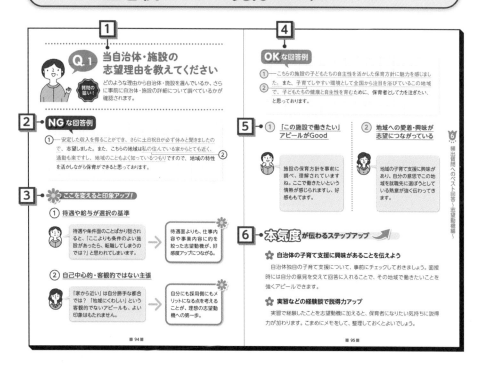

1 「面接官からの質問」

面接試験においての、面接官からの質問。よく聞かれる質問を掲載しています。

2 「NGな回答例」

受験生がつい口にしてしまいがちな、回答の失敗例です。

3 「ここを変えると印象アップ！」

「NGな回答例」のどの部分がNGで、それをどのように変えれば「OKな回答例」になるのかを、面接官の視点から解説しています。

4 「OKな回答例」

面接を突破できる合格レベルの回答例。「NGな回答例」からレベルアップしたものになっています。

5 「面接官から見たOKポイント」

面接官の視点から、「OKな回答例」のどの部分に魅力を感じるのかを解説しています。

6 「本気度が伝わるステップアップ」

「OKな回答例」をさらにレベルアップさせたり、独自の回答をつくる際の参考になるポイントを挙げています。

CONTENTS

Chapter 1 保育士・幼稚園教諭 就職活動のギモン

Chapter 2 面接試験の基礎知識

Chapter 3 面接当日までにすること

Chapter 4 集団面接&集団討論の攻略法

Chapter 5 個人面接の攻略法

Chapter 6 頻出質問へのベスト回答
~志望動機編~

Chapter 7 頻出質問へのベスト回答
~体験・自己PR編~

CONTENTS

Chapter 8 頻出質問へのベスト回答 〜保育知識・技術編〜

Chapter 9 頻出質問へのベスト回答 〜保護者への対応編〜

Chapter 10 論作文・作文 基礎の基礎

Chapter 1
保育士・幼稚園教諭
就職活動のギモン

保育士や幼稚園教諭になるための就職活動では、採用先が公立施設か民間施設かによって、形式や内容が大きく異なります。また、採用試験の内容にも違いがあるので、公立・民間施設、それぞれの採用の日程や内容をつかんでおきましょう。

保育士・幼稚園教諭 採用試験　はじめの一歩

- 採用先が公立か民間かによって試験の対策は異なる
- 試験前に調べておくべきことをチェックする

採用先の情報をチェックするのが第一歩

　保育士・幼稚園教諭の採用試験の内容は、希望する就職先が「公立施設」か「民間施設」かによって大きく異なります。公立施設の場合は、各自治体に公務員として採用されるため、公務員試験や教員採用試験を受験する必要があります。民間施設の場合は、一般企業の採用と同様に、面接試験中心の採用試験が多いです。

　どちらの場合でも、採用試験の流れや選考内容について事前に調べて、対策を考えておくことが、保育者として働くための第一歩になります。また、大きく変化している現在の保育現場の中で、どのような人材が求められているのかも調べておきましょう。

 調べておきたい採用の情報

募集人数や倍率
- 直接の問い合わせのほか、ホームページで確認
- 倍率が高いと、採用の難易度も高くなる

選考スケジュール
- 最終選考までの日程を調べる
- 他の採用試験とぶつからないかも確認

求められる人材
- 保育理念・内容が自分に合っているかどうか
- どんな人が多く採用されているか

試験・面接の雰囲気
- 先輩から体験談を聞く
- 書籍やインターネットで情報収集

時代とともに変化する保育現場

いつの時代でも求められる資質・能力

- 子どもたちの気持ちへの共感力
- 保護者の育児へのサポート力
- 子どもの発達・成長に関する知識
- 保育士・幼稚園教諭としての使命感
- 社会人としての教養・常識

→ これらにもとづいた保育実践能力

今後、特に求められる資質・能力

- **変化する保育環境に対応する柔軟性**
  幼保一元化（→P.186）など、変化の多い保育環境に対応できることが大切です。

- **地域とのかかわり**
  地域とのかかわりの中で、子どもを保育することが重要視されています。

- **さまざまな問題をかかえる子ども・保護者を見守る心**
  どんな環境にある子ども・保護者にも、平等な保育や支援を提供します。

- **保育で発揮できる、自分なりの「得意なこと」**
  保育の多様化にともない、通常の保育にプラスできる英会話や音楽などの能力が求められています。

---

memo　少子化で就職先は減ってしまう？

　日本では今後、さらに少子化が進むと考えられています。そうなると「子どもが減ると同時に、保育士・幼稚園教諭の就職先が減ってしまうのでは？」と心配になるかもしれませんが、実は年々ニーズが高まっているのです。

　社会問題にもなっている「待機児童」を減らすためにも、今後は保育所を増やし、そこで働く保育士も増やす必要があります。また、近年設立が増えている認定こども園では、幼稚園教諭と保育士の両方の資格を取得した「保育教諭」が多く勤務しています。子どもの保育や教育にかかわる保育士・幼稚園教諭を望む声は、一層増えていくことが予想されています。

保育現場に求められているのは どんな人材か?

- 求められている保育者の人物像を知る
- 保育現場が求めている保育者のタイプと自分を照合してみる

社会人としての自覚ある人物が求められる

保育士や幼稚園教諭などの保育者として働く場合、主に年齢の低い子どもを相手にすることになりますので、子どもから好かれるタイプが採用されやすい傾向にあります。また、子どもや保護者と信頼ある立場を長期にわたって築く必要があるため、長く勤務を続けてくれる人材を求めていることが多いのも事実です。

また、他の保育者とともに協力して保育をおこなうためにも、社会人としてのマナーや常識、コミュニケーション能力をもっている人を、多くの採用先が求めています。面接試験に入る前には、自分の社会人としての基本能力をチェックしておく必要がありそうです。

保育現場で求められる人材のタイプ

子どもに信頼される

子どもの話に耳を傾け、気持ちに共感するなど、子どもから信頼をもたれる要素が必要。

長期勤務が可能

すぐに仕事を辞めず、困難を乗り越えて長く勤務することが保育者としての信頼を生む。

保護者と臆せずに話せる

保護者の話をしっかり聞き、保育者として正しい対応や判断ができると、保育の質が上がる。

職場の仲間と協力し合える

同僚や上司と協力し、よりよい保育をつくりあげることは、保育者の大切な仕事のひとつ。

社会人としてのマナーや常識がある

仕事中は誰に対しても正しいマナーで接したり、丁寧な言葉遣いで話す必要がある。

データで見る、求められる保育者像

　全国の公私立保育所※を対象にした「雇用する保育士に求める技術・知識」についてのアンケート結果によると、保育士には保育の実務経験が重視されているのはもちろん、「社会性・社会常識」「社会人としてのモラル・倫理」「コミュニケーション能力」の3つが、多くの採用先から求められていることがわかります。つまり保育者になるには、社会人としての基礎能力をもっていることが大切なのです。下の4つのチェックポイントを参考にして、採用先が必要としている保育者像をつかみましょう。

※東北・北海道は、震災の影響を考慮して対象外。

雇用する保育士に求める技術・知識

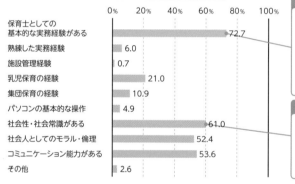

項目	割合
保育士としての基本的な実務経験がある	72.7
熟練した実務経験	6.0
施設管理経験	0.7
乳児保育の経験	21.0
集団保育の経験	10.9
パソコンの基本的な操作	4.9
社会性・社会常識がある	61.0
社会人としてのモラル・倫理	52.4
コミュニケーション能力がある	53.6
その他	2.6

チェックポイント ❶
「保育士としての基本的な実務経験」は、就職には大切なものではあるものの、経験がないことが「採用しない」理由になることは少ない。

チェックポイント ❷
「社会性・社会常識」には、言葉遣いやマナーも含まれる。

採用に至らない、あるいは採用するには心配な保育士

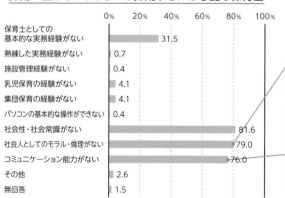

項目	割合
保育士としての基本的な実務経験がない	31.5
熟練した実務経験がない	0.7
施設管理経験がない	0.4
乳児保育の経験がない	4.1
集団保育の経験がない	4.1
パソコンの基本的な操作ができない	0.4
社会性・社会常識がない	81.6
社会人としてのモラル・倫理がない	79.0
コミュニケーション能力がない	76.0
その他	2.6
無回答	1.5

チェックポイント ❸
「社会人としてのモラル・倫理」は、保育士としてやってはいけないことの判断ができるかがポイントになる。

チェックポイント ❹
職場の仲間と協力してよい保育をおこなうには、「コミュニケーション能力」が必須条件になる。

〈厚生労働省『保育士の再就職支援に関する報告書』（平成23年度）を参考に作成〉

1 保育士・幼稚園教諭 就職活動のギモン

保育士・幼稚園教諭 採用の流れ

- 公立施設・民間施設の違いと、それぞれの採用の流れを確認する
- 採用時の試験内容をチェックして、対策を立てる

公立施設と民間施設の大きな違い

　保育士・幼稚園教諭の採用の流れは、公立施設か民間施設かによって大きな違いがあります。公立施設で働く保育者は公務員になるので、公務員採用試験を受験しなければなりません。自治体ごとの「保育士」や「幼稚園教諭」などの希望の職種区分の採用試験を受ける必要があり、まずは筆記試験の合格をめざしましょう。

　民間施設では、採用情報などを確認したあと、書類選考や面接試験を受験します。書類選考や筆記試験での厳しい振るい落としはありませんが、面接試験では人柄やコミュニケーション能力などがチェックされる傾向にあります。

採用情報の確認方法

採用試験のスケジュールや内容は、下記の方法で確認できる。

公立施設	民間施設
●各自治体の公報やホームページをチェックする ●各自治体の担当窓口に直接問い合わせる	●在校生を対象にした求人票 ●各施設・運営法人の説明会 ●各施設のホームページ ●ハローワークでの求人

採用までの基本的な流れ

公立施設

採用試験への申し込み

● 夏試験型
6〜7月に申し込み、7〜8月に一次試験。幼稚園教諭の採用選考がメインの日程で、申し込み開始が4〜5月になることも。

● 秋試験型
7〜9月に申し込み、9月に一次試験を実施。

⬇

一次試験

● 教養試験　● 専門試験

⬇

二次試験

● 論作文試験　● 実技試験
● 口述試験　　● 適性検査
　（面接試験）　● 体力検査

⬇

三次試験

● 個人面接（人物評価のため）

⬇

合格発表

夏試験型は9月、秋試験型では11月に発表することが多い。

⬇

配属先の内定

⬇

採用

民間施設

採用選考への申し込み

学校の求人票や、各施設・法人の説明会などで、求人情報を確認する。

⬇

書類選考

履歴書やエントリーシートなどを参考にして、選考を実施。学校の成績はあまり重視されない。書類選考を実施しない施設もある。

⬇

一次選考

● 面接試験　● 筆記試験

書類選考であまり人数を絞らず、面接試験での選考をしっかりおこなうことが多い。面接と同時に、一般常識の筆記試験を実施する施設もある。

⬇

二次選考

● 面接試験　● 実技試験　● 論作文試験

実技試験で実施されるのは「ピアノ演奏」「弾き歌い」「読み聞かせ」などが多い。また、実技の内容だけでなく、試験にやってきたときの態度やマナーが採点対象になることもある。

⬇

内定

10〜12月ごろに内定が出ることが多い。

⬇

採用

保育所と幼稚園の違いと
認定こども園

🐰 保育士と幼稚園教諭の勤務先である保育所と幼稚園の違いを知る
🐰 両者には法律の違いがかかわっている

「保育する」のか「教育する」のか

　保育所と幼稚園は、どちらも未就学児の保育をおこなう場ですが、保育所は「児童福祉法」、幼稚園は「学校教育法」という、それぞれ異なる法律によって業務内容が規定されています。

【保育所】	「保育所は、保育を必要とする乳児・幼児を日々保護者の下から通わせて保育を行うことを目的とする施設（利用定員が二十人以上であるものに限り、幼保連携型認定こども園を除く。）とする。」　（児童福祉法39条）
【幼稚園】	「幼稚園は、義務教育及びその後の教育の基礎を培うものとして、幼児を保育し、幼児の健やかな成長のために適当な環境を与えて、その心身の発達を助長することを目的とする。」　（学校教育法22条）

　つまり、保育所には子どもの「保育」の分野、幼稚園には子どもの「教育」の分野を担うことが求められています。そのため、保育所は福祉を扱う厚生労働省、幼稚園は教育を扱う文部科学省と、異なる省庁が管轄しています。
　管轄の違いによって発生する詳細については右ページの「保育所と幼稚園の違い」で確認するとともに、保育所と幼稚園の機能をあわせもった「認定こども園」についても把握しておきましょう。

保育所と幼稚園の違い

	保育所	幼稚園
管轄	厚生労働省	文部科学省
根拠法	児童福祉法	学校教育法
保育・教育内容の基準	保育所保育方針	幼稚園教育要領
対象となる子どもの年齢	0歳〜就学前	満3歳〜就学前
施設の目的	基本的な生活習慣の指導や、心身の発達を目的とする保育指導の実施	幼児教育の実施。教育の内容は、施設によって違いがある
1日の保育・教育時間	原則として8時間	4時間が標準
年間の保育・教育日数	規定はないが、長期の休みは設けていない	39週以上
配属される保育者	保育士	幼稚園教諭

認定こども園

2006（平成18）年に、「就学前の子どもに関する教育、保育等の総合的な提供の推進に関する法律」（認定こども園法）が制定・施行され、保育所と幼稚園の機能をあわせもつ「認定こども園」がつくられました。認定こども園には4つのタイプがあり、管轄する機関はそれぞれ異なります（→P.25）。

認定こども園
- 就学前の保育と教育を一体化
- 地域の子育て支援
  - ❂ 0歳〜就学前のすべての子どもが対象
  - ❂ 保護者の就労の有無は問わない
  - ❂ 利用時間は、4時間と8時間の両方に対応

保育所
- 0歳〜就学前の子どもの保育をおこなう
- 保育は原則8時間

機能をプラス

幼稚園
- 満3歳〜就学前の子どもの教育をおこなう
- 標準で4時間の教育

機能をプラス

公立施設と民間施設の違い

- 勤務する施設が公立と民間立とでは、どのような違いがあるのかを確認する
- 採用面と働き方の面の違いに着目し、勤務先を選ぶ参考にする

公立施設では公務員として勤務

　保育士や幼稚園教諭として働くための勤務先を探す場合、公立施設と民間施設のどちらか一方を選ぶことになります。公立施設では公務員としての勤務になるので、自治体の基準に沿って業務をおこないます。数年に1度の異動がありますが、収入が安定しているのが特徴です。

　民間施設では、運営法人の考え方によって保育方針などが異なります。収入は公立施設の職員ほどではありませんが、比較的安定しています。また、公立施設の管理・運営を民間委託した「公設民営方式」と呼ばれる施設も増えており、民間施設の採用の枠は広がってきています。

公設民営方式とは?

保育士や幼稚園教諭などの職員は、運営主に採用される(=民間施設の職員)

保育所・幼稚園などの施設は自治体が用意

施設の運営は民間事業者(社会福祉法人など)がおこなう

自治体では既存の保育所などの民営化が進んでおり、今後も公設民営方式の施設が増えることが予想されます。

採用・働き方の違い

採用の違い

公立施設
- 自治体ごとに、毎年一定数の採用と、欠員が出たときの採用がある。
- 倍率は非常に高く、狭き門になっている。
- 筆記試験の合格が必須で、計画的な学習が必要。

民間施設
- 施設ごとに、毎年一定数の採用がある。
- 倍率は施設によってばらつきはあるが、公立施設ほど高くない。
- 面接試験重視の採用をおこなうので、施設ごとの対策が必要。

東京都渋谷区の保育士採用選考の概要

	平成26年度	平成29年度	平成30年度	令和元年度
採用予定者数	40人程度	15人程度	15人程度	20人程度
受験者数	146人	54人	59人	47人
最終合格者数	38人	18人	18人	30人
倍率	3.8倍	3.0倍	3.3倍	1.6倍

〈渋谷区ホームページのデータをもとに作成〉

公立施設の採用の倍率は自治体によっても異なりますが、全体としては低下傾向にあります。その一方で、少子化に伴う公立保育所の閉鎖や民間委託が増えているため、採用人数を減らす自治体が増えていることも事実です。

働き方の違い

公立施設
- 自治体運営のため、職員は公務員。
- 自治体の基準に沿って運営するため、保育の質が均一。
- 保育者の勤続年数は、民間施設よりも長い。
- 数年に1度、異動がある。
- 近年、民営化の波が押し寄せている。

民間施設
- 運営母体によって基準が異なるので、保育の特色に個性がある。
- 施設や設備が充実していることが多い。
- 早朝保育や延長保育など、対応が柔軟な施設がある。
- 勤続年数は公立よりも比較的短く、若い保育者が多い。

公立施設では、各自治体内の施設の保育・教育の質を均一に保つ必要があります。民間施設では、運営法人の基準や方針に合わせた保育・教育が求められます。

保育士・幼稚園教諭の活躍の場

🐰 保育士と幼稚園教諭の働く環境を知る
🐰 求められる職務内容と環境の違いを理解する

少子化でも活躍の場は広がっている

　保育士や幼稚園教諭の活躍の場は、保育所・幼稚園にとどまらず、広く多様化しています。児童福祉法で定められた「児童福祉施設」では多くの保育士が活躍し、保育所と幼稚園の機能をあわせもった「認定こども園」では、幼稚園教諭免許・保育士資格の両方を取得した保育教諭が配置されることが増えています。

　また、女性のライフスタイルの変化から、出産後も働く女性が増えたため、ベビーシッターや病児保育、企業内の託児所などの勤務先も増加しています。現在の日本は少子化傾向ではあるものの、保護者のさまざまなニーズに応えるために、たくさんの保育スタイルが生まれているのです。

 保育士と幼稚園教諭の仕事の違い

保育士	幼稚園教諭
0～18歳の子どもの安全な保育をおこなう	満3歳～就学前の子どもに、幼児教育をおこなう
活躍の場 ● 保育所（公立・民間） ● 認定こども園 ● 児童福祉施設 ● ベビーシッター	活躍の場 ● 幼稚園（公立・民間） ● 認定こども園 ● 幼児教室

一般的な保育施設

保育所

何らかの理由で保護者が保育できない子どもを預かり、保育をおこなう施設です。保育所は施設の規模などによって「認可」「認可外」などに分類されます。また、一般的な保育所のほかにも、下記のような施設形態があります。

保育所の「認可・認可外・認証」の違い

認可	● 国が規定した条件（施設の面積、職員数、設備など）をクリアしたうえで、都道府県に認可された施設のこと。 ● 入所は自治体に申し込む。
認可外	● 国が規定した条件を満たさないために、国の認可を受けていない施設のこと。 ● 入所の申し込みは、直接施設におこなう。
認証	● 多様化する保育ニーズに応えるために設けられた、東京都独自の制度。 ● 駅前に設置するA型と、より小規模なB型がある。

保育所の施設形態

企業内保育所	企業などが従業員のために、企業内や近隣に設置する保育施設。
院内保育所	病院などの医療施設の職員の子どもを預かる保育施設。
駅型保育所	鉄道会社が駅ビルなどの駅施設内に開設している保育施設。
小規模保育所	0〜3歳未満児を対象に、定員が6人以上19人未満の少人数でおこなう保育施設。
高齢者施設併設保育所	高齢者施設（老人ホーム）と保育所が併設されている保育施設。
家庭的保育事業 （保育ママ）	主に3歳未満の子どもを自宅で預かる保育者、もしくは施設のこと。

幼稚園

満3歳から小学校就学前の子どもを教育し、心身の発達を手助けする施設です。幼稚園には、幼稚園教諭が必ず配属されます（→P.20〜21）。

認定こども園

幼稚園と保育所の両方の機能を備えた施設で、2006年の「認定こども園制度」の制定・実施によりつくられました。認定こども園には下記の4つのタイプがあり、「幼保連携型」には、幼稚園教諭免許と保育士資格の両方を取得した保育教諭（→P.28）が配置されます。

幼保連携型	別々の幼稚園と保育所が、連携して運営する。内閣府が管轄。
幼稚園型	幼稚園が、保育所的な機能をプラスして運営する。内閣府が管轄。
保育所型	保育所が、幼稚園的な機能をプラスして運営する。内閣府が管轄。
地方裁量型	幼稚園・保育所のどちらの認可もない施設が運営する。地方自治体が認定し、内閣府が管轄。

地域の子どもと子育てを支える施設

　地域の子どもたちを見守るのはもちろん、不登校やいじめ、虐待などの深刻な問題において、早期発見と子どもの保護をおこないます。学校や児童相談所と連携して、子どもの成長自立を手助けします。

児童館・児童遊園

子どもに健全な遊びを提供することを目的とした施設で、「児童厚生施設」と総称されます。子どもの健康を増進させ、情操を豊かにするように働きかけます。

学童保育

何らかの理由で保護者が家庭にいない小学生に対して、授業後に遊びや生活の場を提供します。地域の児童館や学校内に併設されることが多いです。

社会的養護をおこなう施設など

　保護者のもとで生活ができなかったり、行動に問題のある子どもを保護し、支援しながら自立をうながす社会的養護施設には経験豊かな専門職が配属されます。退所・退院した子ども（もしくは保護者）のサポートもおこないます。

乳児院

何らかの理由で、保護者のもとで生活することができなくなった2歳未満の乳幼児を育てる施設です。退院後も、相談などの援助をおこないます。

児童養護施設

保護者の病気や虐待などの何らかの理由により、家庭で生活できない20歳までの子どもたちが入所し、生活する施設です。保育士の配属が義務づけられています。

母子生活支援施設

配偶者のいない母親と、その子どもを保護し、母子の自立と、子どもの成長をうながすための支援をおこなう施設です。退所後にもさまざまな相談に応じます。

児童自立支援施設

不良行為をした、またはするおそれのある子どもを入所、もしくは通所させ、個人の状況に合わせて必要な指導をおこなう施設です。

児童家庭支援センター

虐待や不登校などのさまざまな問題を抱えた子どもや家庭に対して児童相談所と連携して、早期かつ専門的なバックアップをおこなう機関です。

児童心理治療施設

ひきこもりや不登校など、社会への心理的・情緒的な不適応を示している子どもを入所、もしくは通所させて、治療をおこなう施設です。

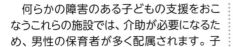

障害のある子どもをサポートする施設

何らかの障害のある子どもの支援をおこなうこれらの施設では、介助が必要になるため、男性の保育者が多く配属されます。子どもの障害の度合いや保護者の状況によって、施設で生活する「入所」か、保護者のもとから通う「通所」を選びます。

障害児入所施設

障害のある児童を入所させて、支援をおこなう施設です。施設には、福祉的な支援中心の「福祉型」と、治療も実施する「医療型」の2種類があります。

児童発達支援センター

保護者のもとから通う障害児に、支援をおこなう施設です。障害児入所施設と同様に、福祉的な支援中心の「福祉型」と、治療も実施する「医療型」があります。

さまざまな保育業務

一般的な保育・福祉施設以外にも、保育者の活躍の場は広がっています。子どもを預かるのが数時間の短期間だけの保育や、病院や保護者の自宅で保育をおこなうなど、多様な保育ニーズに合わせた勤務が期待されています。

病棟保育

医療機関などに「病棟保育士」として勤務します。入院している子どもたちの生活面の世話や遊び、学習などを実施し、子どもの心のケアも心がけます。

産婦人科や助産施設での保育

妊娠中～出産後の女性に対し、新生児の世話や育児に関するアドバイスを実施し、安心して出産・育児ができるように手助けします。

病児保育

保育所に通う子どもが病気になり、通所できないうえに保護者も仕事などで面倒を見られない場合、代わりに世話を担当します。

商業施設

大型商業施設にでは、保護者の買い物中に子どもを預かる託児スペースを設けていることがあります。子ども1人あたりの保育時間が短いのが特徴です。

テーマパーク、イベント会場など

遊園地やテーマパーク、イベント会場などには、一時的に子どもを預かる託児所が設置されている場合があり、そこで子どもの世話をおこないます。

ベビーシッター

保護者宅などで、子どもの保育をおこないます。主にベビーシッターの登録会社から派遣されます。幼稚園・保育所や学校、習い事への送迎をおこなうことも。

認定こども園で 必要とされる保育教諭

- 近年ニーズが増えている保育教諭がどのような職業かを知る
- 保育教諭を増やすための「特例措置」がある

幼稚園教諭と保育士、両方の免許・資格を取得

　保育教諭とは、幼稚園教諭免許と保育士資格の両方を取得している保育者のことで、主に「認定こども園」で勤務します。これは、認定こども園が幼稚園と保育所を一体化した施設であり、幼稚園教諭と保育士の両方の知識や技能が求められるためです。

　2019（平成31）年4月の時点で、認定こども園は全国に7,208施設あり、その数は年々増加していくことが予想されています。それに伴って保育教諭のニーズも増えており、2024（令和6）年度末までは、幼稚園教諭・保育士のどちらかの免許・資格をもっている人が保育教諭になりやすいように、もう一方の免許・資格取得に必要な履修科目や試験科目を軽減する特例措置が取られています。

認定こども園の推移 (各年4月1日時点)

年度	認定こども園数	公私の内訳		類型別の内訳			
		公立	私立	幼保連携型	幼稚園型	保育所型	地方裁量型
平成27年度	2,836	554	2,282	1,930	525	328	53
平成28年度	4,001	703	3,298	2,785	682	474	60
平成29年度	5,081	852	4,229	3,618	807	592	64
平成30年度	6,160	1,006	5,154	4,409	966	720	65
平成31年度	7,208	1,138	6,070	5,137	1,104	897	70

〈内閣府 子ども・子育て本部の資料を参考に作成〉

年々増加する認定こども園の職員として、保育教諭のニーズも高まっています！

特例措置とは

どちらか一方の免許・資格しか取得していない人が、保育士と幼稚園教諭それぞれに約10%います。
(平成30年度)

幼稚園教諭
＋
保育士

→

保育教諭

多くの人に両方の免許・資格を取得してもらい、保育教諭をめざしやすくした制度が「特例措置」です。

特例措置の対象者は?

① 幼稚園教諭免許か保育士資格のどちらかをもっている人

② 対象施設のうち、幼稚園教諭もしくは保育士として、3年かつ4,320時間以上の勤務経験がある人

勤務経験の対象施設

- 幼稚園
- 認定こども園
- 保育所
- 小規模保育事業または事業所内保育事業を実施する施設
- 公立の認可外保育施設
- へき地保育所
- 幼稚園併設型認可外保育施設
- 「認可外指導監督基準」を満たす認可外保育施設

特例措置の内容は?

保育士が幼稚園教諭免許を取得する場合

① 大学で8単位を修得

通常、一種は59単位、二種は39単位が必要

修得単位

- 教職の意義及び教員の役割、教員の職務内容(2単位)
- 教育に関する社会的、制度的又は経営的事項(2単位)
- 教育課程の意義および編成の方法(1単位)
- 保育内容の指導法、教育の方法及び技術(2単位)
- 幼児理解の理論及び方法(1単位)

② 各都道府県教育委員会での教育職員検定を受ける

③ 幼稚園教諭免許状が授与される
(学士の学位がある場合は一種、短期大学士・専門学校卒などの場合は二種)

幼稚園教諭が保育士資格を取得する場合

① 大学などの指定保育士養成施設で、8単位を修得

通常は34単位の修得が必要

修得単位

- 福祉と養護(2単位)
- 相談支援(2単位)
- 保健と食と栄養(2単位)
- 乳児保育(2単位)

② 保育士試験を受ける
(試験は全科目免除)

③ 保育士資格を取得

保育者の採用試験における実技試験

- 採用試験の実技試験がどのような目的でおこなわれるのかを知る
- 実技試験の内容を確認して、対策を立てる

保育技術・技能を直接チェックする

　公立施設・民間施設ともに、採用試験では実技試験が実施されます。これは、実際の保育で必要な技術・技能が身についているかを確認するためです。主に音楽（ピアノ演奏・歌）や言語（読み聞かせ・素話）、造形（絵画・工作）などの試験があり、音楽や言語の場合は、目の前に子どもがいるかのようにしておこなう場合が多いです。

　それぞれの実技試験では技能はもちろん、子どもへの指導能力や、制限時間内に実技を終えられるかなど、さまざまな側面から審査されます。苦手な実技があるかもしれませんが、それぞれの試験の傾向をつかんでおき、前もって十分な練習をしておきましょう。

主な実技試験

♦ 音楽
ピアノ演奏や弾き歌い、声楽などの試験がある。課題曲や自分で曲を選択する自由曲、初見視奏などに分類される。

♦ 言語
与えられた絵本を、指定された子どもの年齢に応じた読み聞かせをおこなう朗読や、何も見ずに「おはなし」をする素話が実施される。

♦ 造形
テーマに沿った絵画や工作を作成する。テーマは、絵画は「遠足」などの保育に馴染み深いものが多く、造形では多岐にわたる。

♦ 運動
幼稚園の採用試験で多く実施される。前転やなわとびなど、子どもが幼稚園で実施することが多い運動を中心におこなう。

♦ 模擬保育
実際の保育現場のようなシチュエーションを設定し、その中で子どもたちにどのような指導をおこなうかを見る試験。

音楽実技試験のポイント

課題曲演奏

バイエルやツェルニー、童謡などから選ばれた課題曲が事前に指定され、試験当日にピアノで演奏します。楽譜は事前に用意しなければならないことが多く、「○○社のものを」と楽譜を指定される場合があります。

試験でのポイント

- ピアノの演奏が正確か
- 伴奏の技術

弾き歌い

ピアノで伴奏しながら歌います。歌がピアノの音量で消えてしまわないように、大きな声を出す必要があります。自分の音域に合わない曲や、伴奏がリズムだけの曲でもしっかりと歌える技術が必要です。

試験でのポイント

- 確実な歌唱法が身についているか
- ピアノと歌唱のバランス

自由曲演奏

自分で選んだ曲をピアノで弾きます。選曲は、自分の得意なものの中から、実際に子どもたちのために弾くことを想定しておこないましょう。試験が実施されている季節に合った曲を選ぶ受験者が多いようです。

試験でのポイント

- 実際の保育現場を想定しての選曲か
- 演奏のスキルに問題はないか

コールユーブンゲン

ドイツ語で「合唱練習書」という意味で、歌を練習するための教科書です。試験では、最初の音だけがピアノなどで演奏され、そのあとに譜面どおりに歌います。正しい音程を保てているかが審査されます。

試験でのポイント

- 正しい音感やリズム感があるか
- 譜読みができるか

初見演奏

試験当日に楽譜を渡され、5〜10分の譜読みのあとでその場で演奏をおこなう試験です。譜面は一般的に知られた曲か、譜読みの力を試すためにオリジナル曲でおこなう場合があります。

試験でのポイント

- 譜読みができるか
- 一般的な曲に対する知識

手遊び歌

手遊び歌をおこなう試験です。目の前に子どもたちが実際にいるかのように、導入の話からスタートします。子どもたちが楽しく手遊びができるように考え、歌の中での強弱も考えておきましょう。

試験でのポイント

- 子どもたちを引きつける能力
- 歌の抑揚、間の置き方など

言語実技試験

読み聞かせ

目の前に子どもがいると想定して、絵本を読みます。子どもの年齢を指定されることが多く、それに合った絵本を受験者自身が選んで持参することもあります。読む際には、時間配分を考える必要があります。

試験でのポイント

- 子どもの年齢に合った読み方ができるか
- 絵本の絵に合わせて、読むことができるか

絵本の内容を理解したうえで、ゆっくりと読むのがコツ！

素話

絵本や紙芝居などを使わずに、言葉だけで子どもたちに「おはなし」を聞かせる試験です。子どもたちの言語能力や想像力を引き出すためにも、しっかりとした表現力が求められることが多いです。

試験でのポイント

- 表現力豊かに話せているか
- 子どもにわかりやすく話せるか

身振り・表情などは大げさにせず、子どもたちが話に集中できるようにして！

造形実技試験

造形の課題例

問題 【事例】を読んで、次の4つの【条件】をすべて満たしたものを、解答用紙の枠内に絵画で表現しなさい。

事例

保育所でおゆうぎ会がありました。演目は「きらきら星」で、みんなは星の飾りをもって、楽しそうに踊っています。

条件

❶ 舞台上で子どもがおゆうぎしている姿を描くこと。
❷ 子どもたちの楽しそうな様子を描くこと。
❸ 子ども3名以上、および舞台装置も描写すること。
❹ 色鉛筆で色をつけること。

構図はどうする？

色鉛筆だと、どんな表現ができるかな？

楽しさを表現するには、色はどうしよう？

最初にしっかりと構成を考え、そこから遠近法などでパースを描いてみましょう。

運動実技試験

子どもの体力低下を防ぐため、2012（平成24）年に「幼児期運動指針」が文部科学省より示されました。それ以来、多くの幼稚園で「運動遊び」を取り入れるようになり、採用試験でも、子どもと一緒に運動できる能力を見る実技試験が実施されています。

代表的な試験内容

マット遊び　　なわとび

模擬保育

主に幼稚園の採用試験で実施されます。実際の保育現場でのシチュエーションが提示され、それにもとづいた模擬的な保育をおこないます。保育の技術や内容などを試験官が審査します。子どもが自ら行動したくなるような保育を心がけましょう。

代表的な試験内容

● あなたは4歳児20名の担任です。これから散歩に出かけます。散歩の際の約束ごとを子どもたちに話してください。
● あなたは5歳児25名の担任です。これからはさみを使った工作をおこないます。注意すべきことを説明してください。
● 最近、ひとりぼっちで遊んでいる子を見かけます。どのように指導をしますか?

memo

実技の能力以外も見られている!

実技試験では、「ピアノの演奏を失敗しないように」「時間内に読み聞かせできるように」など、実技の内容にばかり目がいってしまいますが、試験官はそれ以外の点もチェックしています。たとえば、難しい課題にあたった際に嫌そうな顔をしなかったかどうか、積極的に取り組もうとしていたかどうかなど、実技をおこなうときの態度も見られているのです。これは特に民間施設の試験では厳しくチェックされる傾向にあるので、どんな課題にも全力で取り組む態度を見せましょう。

男性の保育者に期待される役割

- 増えつつある男性の保育者の現状を確認する
- 男性の保育者に対する保護者のイメージを把握する

多くの保育現場で活躍している

　保育業界は、以前より女性中心の職場であることが多く、男性は保育所や幼稚園の所長・園長といった管理職に集中する傾向にありました。保育士に関しては、かつては「保母」という女性に限定した職業名が一般的だったほどです。しかし近年、保育の現場で勤務する男性が増えており、特に保育士の不足が問題になっている保育所などでは急増傾向にあります。平成12年には保育士全体の約1％だった男性保育士が、平成27年では、約3％を占めるようになっています。

　男性保育士は、女性よりも体力的な能力に優れているため、障害児など、介助が必要な子どもがいる児童福祉施設で働くことも多いです。幼稚園教諭としては、従来どおりに幼稚園内の管理職であることが多いのですが、幼稚園の現場で働く男性も増えています。

平成12年から平成27年の間には、1万人近くも男性保育士が増えていることがわかります。保育士が男性の職業としても定着しつつあるため、今後も増加傾向は続くと考えられます。

男性保育士の数と割合

	平成12年	平成17年	平成22年	平成27年
保育士総数(人)	361,488	419,296	474,900	542,600
男性(人)	4,666	9,277	13,160	15,980
割合(%)	1.29	2.21	2.78	2.95

〈平成7〜27年総務省国勢調査〈職業(小分類),従業上の地位(7区分),男女別15歳以上就業者数〉を参考に作成〉

男性保育者に期待する役割や働き

男性の身体的特性を活かした働き	男性の精神的特性を活かした働き	男性の存在特性を活かした働き
体を使ったダイナミックな遊び・体育指導　33人 力仕事・高いところの作業・施設の管理　13人 OA関係・園バス運転・防犯　5人	女性とは違う視点・感じ方　13人 父親の子育て参加や相談を促進　3人 女性保育者のケア　1人	父親的役割　18人 両性がいることの自然さ　5人

この調査結果からも、男性の保育者に対する期待が伝わってきます。

※調査対象者は、文教大学生涯学習センターと日本教育カウンセラー協会共催の「子育て支援カウンセリング講座」の参加者70名（男性3名、女性67名）で、自由記述にて回答。
〈井上清子、石川洋子「男性保育者に求められる役割と問題」（「生活科学研究」、2008年）を参考に作成〉

男性保育者の実際の役割

✿ 防犯対策

　女性だけの職場では、防犯上の不安もありますが、男性の保育者がいれば、子どもや職員はもちろん、保護者も施設の安全性を感じられるようになります。

✿ 父親の育児参加をうながす

　男性の保育者がいることで、育児が女性だけでなく、男性も積極的におこなうものであることをアピールできます。父親が子どもを迎えに来やすくなる効果もあります。

✿ 力仕事

　男性は女性よりも体力面で勝ることが多いので、力仕事を任せられることが多いです。これまで女性が無理におこなっていた力仕事での事故も防げるようになります。

✿ 男女の役割分担

　男児への指導や教育など、女性があまり得意ではない分野を、男性の保育者が担うことができます。体の大きさを活かして、サンタクロースや節分の鬼役になることも。

✿ 父親的な存在

　特に保育所には、シングルマザーの家庭の子どもが多くいます。そのような子どもたちの父親的な存在として、保育・指導ができるのも、男性の保育者の利点です。

✿ 体育指導

　幼稚園などでの体育指導で、運動が得意な男性の保育者が求められることがあります。日常の保育でも、女性にはできない体力を使った遊びや活動が求められます。

保育所と幼稚園で異なる仕事の内容

🐰 保育所と幼稚園の、それぞれの1日の流れを確認する
🐰 仕事の流れの違いを確認する

登園から降園までの子どもをサポート

　保育士や幼稚園教諭の主な勤務先である保育所や幼稚園での、1日の流れを確認しておきましょう。保育所も幼稚園も、子どもたちが朝に登園して、午後～夕方に降園するという点に変わりはありませんが、保育者の保育内容には違いがあります。保育所では、主に食事や排泄、睡眠など、子どもの生活のサポートをおこないますが、幼稚園では音楽・造形・運動などの幼児教育に重点を置いた保育を実施します。

　また、保育所は子どもの保育時間が長いため、勤務する保育士は「早番」や「遅番」などのシフト制の勤務をおこないます。一方、幼稚園の保育時間は4時間ほどなので、幼稚園教諭はシフト制の勤務ではないことが多いです。

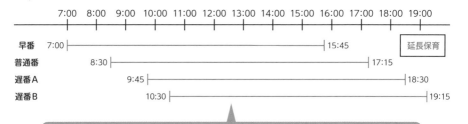

一般的な保育所のシフトの分類

	7:00	8:00	9:00	10:00	11:00	12:00	13:00	14:00	15:00	16:00	17:00	18:00	19:00

早番　7:00 ———————————————— 15:45　　　　　延長保育
普通番　　8:30 ———————————————— 17:15
遅番A　　　9:45 ———————————————— 18:30
遅番B　　　　10:30 ———————————————— 19:15

都市部の保育所ほど、長時間の延長保育が求められるため、シフトの分類が多いです。

保育所の1日

7:30	▶子どもたちが登園
9:00	▶朝の会 →出欠の確認 ▶年齢別・クラス別に活動 ▶散歩 ▶乳児の見守り
11:00	▶昼食準備 ▶昼食 →食事前に手洗い・排泄の指導 →食事のあとには歯みがき指導 ▶乳児の見守り
12:00	▶午睡（昼寝） ▶保護者への連絡事項をまとめる ▶乳児の見守り
15:00	▶おやつ ▶乳児の見守り ▶自由遊び
16:00	▶帰りの会 ▶お迎えが来たら、順次降園
18:00〜	▶延長保育

幼稚園の1日

8:00	▶施設内・遊具などの安全点検
9:00	▶子どもたちが登園
10:00	▶朝の会 →出欠の確認 ▶各クラスの活動開始 →歌・リズム遊び、絵画や造形の制作、運動（屋内・屋外）など ▶保護者からの連絡記録をチェック
12:00	▶昼食 →食事前に手洗い・排泄の指導 →食事のあとに歯みがき指導
13:00	▶自由遊び ▶保護者への連絡事項をまとめる
14:00	▶帰りの会 ▶子どもたちが降園
15:00	▶延長保育の子どもの世話 ▶翌日の準備 ▶行事の準備 →大きな行事は、1〜2ヶ月前から準備開始
17:00	▶掃除 ▶教材や遊具などの点検

先輩保育者の就活体験談 ①

Profile

A さん（25歳・女性）
兵庫県在住／公立保育所に勤務

Q. 就職活動では何が一番大変でしたか?

　公立保育所を志望していましたので、筆記試験のために自分で
スケジュールを立てて、毎日必死で勉強したことです。あの採用
試験の前の期間が、人生で一番勉強した時期でした。

Q. 面接でのエピソードを教えてください

　少子化の解消についてどう思っているかを聞かれたときには、
女性が安心して子どもを産んで育てる環境をつくることが、私た
ち保育者の役目であり、それが少子化の解消につながると考えて
いることを話しました。

Q. 就職活動を控えている人にアドバイスを!

　公立施設の面接では、保育の身近な話題から少子化のような
深刻な問題まで幅広く質問されます。なるべくニュースや新聞で
最新情報に触れ、常に問題意識をもっておくことで、どんな質問
にも対応できるようになりますよ!

Chapter 2

面接試験の基礎知識

面接官は受験者のどのようなところを見て評価をするのかを知ることが、面接試験対策の第一歩になります。面接官が評価に用いる評価表や、面接前に提出する面接カード、エントリーシートの内容をチェックして、面接試験への備えを万全にしましょう。

面接試験＝人物試験 重視される人物像

- 面接試験では、採用側がどのような点をチェックしているかを知る
- チェックされるポイントへの対処法

採用側はほしい人材を決めている

　書類審査は通過するものの、面接ではいつも落ちてしまうという受験者は少なくありません。それだけ面接試験は難しいものですが、採用側は面接のときに受験者のどこを見て、合否を決めているのでしょうか？　それは受験者の人物像なのです。

　面接によって見えてくる受験者のさまざまな側面から、面接官は「この自治体・施設にふさわしい人物かどうか」を判断しています。採用側が求めている人物像がはっきりしているので、短時間の面接試験にもかかわらず、その判断が可能なのです。面接を攻略するには、「採用側が求める人物像」と「面接でチェックされているポイント」を把握しておく必要があることを覚えておきましょう。

 面接官はここを見ている！

Check1 ▶ 保育者に向いている人物か

Check2 ▶ この自治体・施設で働く熱意があるか

Check3 ▶ 協調性をもって働ける人物か

Check4 ▶ 相手の話を聞ける傾聴力があるか

Check5 ▶ さまざまな仕事に柔軟に対応できるか

Check6 ▶ 自分の意見をはっきりと主張できるか

Check7 ▶ 社会人としてのマナーが身についているか

面接で見えてくる人物像

話し方・言葉遣い

保育者として
正しい言葉を話そう

面接では、社会人としてふさわしい言葉遣いが求められます。それは面接官に対する礼儀でもあり、子どもたちに指導したり、保護者と話す保育者として、必須の能力でもあります。

よろしくお願いします。

チェックされるのは……

● 保育者に向いている人物か
● 職場の集団の中で、協調性をもって働ける人物か
● 社会人としてのマナーや言葉遣いが身についているか

話の内容

長所を活かす
アピールを

話の内容は、面接の合否を決める大きなポイントになります。自分の長所や得意なことを活かして、保育者としてどのような働きができるかを面接官はチェックしています。

チェックされるのは……

● 保育者に向いている人物か
● 保育者として、この自治体・施設で働きたいという熱意があるか
● 自分の意見を、自分の言葉で主張できるか

身だしなみ・身なり

ファッションよりも
清潔感重視で

同じ職場で働く人間として、受験者がそれにふさわしい格好をしているかを面接官はチェックします。また、身なりは社会人としての心構えも表していますので、清潔感や知的さを重視しましょう。

チェックされるのは……

● 保育者に向いている人物か
● 職場の集団の中で、協調性をもって働ける人物か
● 清潔感があるか

態度・姿勢

保育者として
ふさわしいふるまいを

部屋に入った瞬間から、受験者の態度は面接官にチェックされています。立ち居ふるまい以外にも、面接官や他の受験者の話を聞く姿勢が重要です。人の話に耳を傾ける力は、協調性が重視される保育者には大切な能力です。

チェックされるのは……

● 相手の話をしっかりと聞く傾聴力があるか
● 保育者として柔軟にさまざまな仕事に対応できるか
● 積極性をもって仕事に取り組めるか

面接試験で質問される内容と対策

🐰 面接では、どんなことを面接官から質問されるのかを知る
🐰 どんな質問にも答えられるように準備する

どんな質問にもぶれなく答える

　面接試験で必ず聞かれるのが、自己PRと志望動機です。これは面接官が、受験者がどのような人物で、この自治体・施設を選んだ理由を知るためです。さらに面接官からは、履歴書や面接カードに書かれた内容についてなどの質問がありますから、すべての返答は自己PRと志望動機にぶれがないようにしておく必要があります。

　また、面接試験の最後には、「何か質問はありますか？」と「逆質問」を面接官からされることが多いです。「ありません」と答えては、採用側への興味がないと思われてしまいますので、必ずいくつかの「逆質問」を考えておきましょう。

好印象を与える返答のポイント

答えは長くせず簡潔に

メリハリなくダラダラと話すと、あなたの良さが面接官に伝わりにくくなります。何人もの受験者の対応をしている面接官の印象に残るためにも、短い言葉で簡潔にアピールや返答をする練習をしておきましょう。

最初に結論を理由は付け加えて

質問に答える際には、最初に「それは○○です」と結論を簡潔に答えるようにします。そのあとで「なぜなら……だからです」と理由などを付け加える形で答えれば、面接官に答えの内容がしっかりと伝わります。

自分のキーワードを決めよう

自己PRなどで簡潔にアピールするには、自分を説明するためのキーワードをいくつか決めておきましょう。「ポジティブ」「がんばり屋」など、設定したキーワードに沿って話すと、簡潔かつぶれない自己PRができます。

よくある質問と返答のポイント

自己PR

自分の長所を積極的にアピール！

自分がどんな経験をして、どんなことを感じて、どんな長所があるかをアピールするのが自己PRです。ダラダラと話さず、1つのポイントに絞って、それを裏づける具体的なエピソードを加えると、伝わりやすい自己PRになります。

質問例
- 自己PRをしてください
- あなたの長所を教えてください
- どのような学生生活を過ごしましたか？

志望動機

仕事と職場、それぞれの選択の理由を明確に

「どうして保育者として働きたいのか」と「この自治体・施設を選んだ理由は?」が保育者に問われる志望動機です。自分のめざすべき保育者像を明確にして、自分の特性を就職後にどのように活かせるかを伝えます。

質問例
- なぜ保育者になりたいのですか？
- この自治体（施設）を選んだ理由は？
- ここでどのような保育がしたいですか？

履歴書・面接カードの内容

自己PRや志望動機と発言をあわせる

履歴書や面接カードは提出前にコピーを取っておいて、面接の直前にチェックし、自己PRや志望動機とのズレがない返答を心がけましょう。特徴的な趣味や特技、資格があると質問を受けやすいですが、ウソを書くのはNGです。

質問例
- 面接カードに書いた希望部署を選んだ理由は？
- 趣味（特技）の○○は、どのぐらいの腕前ですか？
- この資格は、就職後に何に活かせますか？

保育に関する質問

現在の保育状況をしっかりチェック

現在の保育の状況について問われることが多いので、最新の保育環境についてはしっかりと調べておきましょう。また、どんな保育をしたいかについて聞かれたら、具体的な理由やエピソードとともに答えると説得力が増します。

質問例
- 待機児童問題についてどう思いますか？
- モンスターペアレントにはどのように対処しますか？
- 得意な保育技能はありますか？

逆質問

興味があることを示す絶好のチャンス

「何か質問はありますか?」と面接官から逆質問されたら、採用側に興味があることを示すためにも、必ず質問をするようにしましょう。集団面接では、他の受験者と質問が重複してしまうことがあるので、質問はいくつか用意しておくことが大切です。

逆質問例
- こちらの○○という教育法について教えてください
- どのような保育に力を入れていますか？
- 幼保一元化にどのように対応されていくのですか？

3つの面接試験の 形式と特徴

- 🐰 面接試験にはどのような形式があるのかを知る
- 🐰 それぞれの面接形式の特徴を確認し、対策を立てる

面接には3つの形式がある

面接試験には、大きく分けて3つの形式があります。保育者の面接でもっともポピュラーなのが、受験者1人に対して実施する「個人面接」です。

受験者も面接官も複数でおこなう「集団面接」は、自治体ではあまり実施されませんが、民間施設では近年増加傾向にあります。また、**複数の受験者が与えられたテーマで討論し、その様子を面接官がチェックする「集団討論」**は、個人面接や集団面接の選考ののちに実施されることが多い形式です。

形式によっては、面接官が受験者のどの部分をチェックするかが異なりますので、事前にそれぞれの面接形式の内容を知っておきましょう。

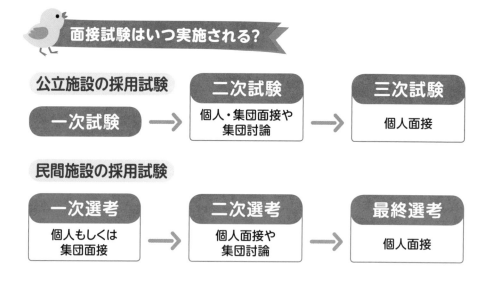

面接試験はいつ実施される？

公立施設の採用試験

一次試験 → 二次試験 個人・集団面接や集団討論 → 三次試験 個人面接

民間施設の採用試験

一次選考 個人もしくは集団面接 → 二次選考 個人面接や集団討論 → 最終選考 個人面接

面接の形式

個人面接

▶ 人数:受験者1人、面接官2〜3人
▶ 時間:15〜30分

個人面接は、受験者が1人である場合の面接形式です。質問される内容は、自己PRや志望動機などのいたってオーソドックスなものが多いです。しかし、他の受験者がいないために、受験者個人の深い部分にまで質問が及ぶことがあります。どんな質問が来ても、自己PRと志望動機につながるような内容の返答を心がけましょう。

質問で多いもの
- 自己PR
- 志望動機
- 履歴書・面接カードの内容に関する質問
- 保育技能に関する質問

集団面接

▶ 人数:受験者3〜7人、面接官2〜4人
▶ 時間:30分〜1時間

集団面接は、受験者も面接官も複数でおこなわれる面接です。1人に割り当てられる時間は短く、その中で印象を残せるかどうかがカギになります。他の受験者を意識してしまったり、他の意見に流されてしまうことなく、アピールすることが大切です。また、集団の中での協調性も見られるため、他の受験者の話もしっかり聞くようにしましょう。

実施される内容
- 自己PR
- 志望動機
- 全員に同じ質問

集団討論

▶ 人数:受験者3〜7人、面接官2〜4人
▶ 時間:30分〜1時間

提示されたテーマにもとづいて、受験者同士で話し合いをするのが集団討論です。その様子を複数の面接官がチェックします。話し合いでは、みんなの意見を1つにまとめていくことに評価ポイントが置かれます。最善の結論を導き出すために、自分の意見だけを押し通そうとせず、他の受験者の意見に耳を傾けつつ主張することが評価につながります。

主なテーマ
- この自治体・施設をよりよくするには
- 最良の保育法とは
- モンスターペアレントへの対応法

面接官の評価シートは どうなっている?

🐰 面接時に面接官が使用する評価シートの内容をチェックする
🐰 よい評価につながる面接のポイントを確認

短い時間でよい評価をもらえるかどうか

　面接の際、面接官は「評価シート」や「評価表」と呼ばれる用紙に、それぞれの受験者の評価を書き込みます。面接中や面接後の短い時間にサッと書き込めるように、選択肢に丸をつけるような形式になっていることが多いです。最終的に合否の判断をする判定欄があり、そこに受験者の総合的な評価を記入します。

　評価シートには、面接官の率直な感想が書かれてしまうものです。好印象の受験者にはすぐによい評価がつきますが、中途半端な印象しか残らない受験者には、中間点ではなく、不合格の判断をしてしまうことが多いのです。よい評価を迷いなくもらえるように、評価シートの内容を把握して対策を立てておきましょう。

 ## 評価シートをつける意味は?

最適な人材を採用するため

受験者が、自治体・施設が求める人物像とどの程度一致するのかを、客観的に判断するために評価シートを用いる。

次の選考の資料にする

面接に合格して次の選考に進んだ際、前回の面接でどのような評価を得た受験者なのかをチェックするのに用いる。

公平な採用をするため

面接の評価は面接官によってばらつきが出やすいので、それをなるべく均一化するために、評価シートを使う。

採用したあとの振り返り資料にする

採用後に新人教育などをする際に、どのような人物として評価されているかを確認し、その後の指導に活かす。

面接評価シート

受験者名				面接官			
面接日	年	月	日( )	時間	:	~	:

評価項目	コメント	評価 高 ◄──► 低
自己表現能力		5・4・3・2・1
志望動機		5・4・3・2・1
意欲		5・4・3・2・1
ストレスコントロール		5・4・3・2・1
協調性		5・4・3・2・1
責任感		5・4・3・2・1
マナー・身だしなみ		5・4・3・2・1

所見

_____

_____

_____

総合評価

自由記入欄

A　B　C　D　E

合格　　　不合格

※該当のものに〇をつけて下さい。

Point

① 自己表現能力

自分の長所・利点をわかりやすくアピールできているかを、自己PRなどから判断。過剰な自慢などはマイナスの評価になる。

② 志望動機

自治体・施設で働くことの意欲や、保育者になることへの熱意を見る。どこの自治体・施設でも通用するような内容は評価されない。

③ 意欲

仕事上での目標を達成するための意欲と行動力を確認する。大きすぎる目標でも、達成させようとする意欲が強ければ好評価になる。

④ ストレスコントロール

困難を乗り越えた経験はあるか、また、困難を乗り越えられる覚悟があるかを見る。学生時代のエピソードなどから判断。

⑤ 協調性

自己中心的な考えをもたず、周りの人たちと力を合わせることができるかを判断。集団面接や集団討論では特に重視される。

⑦ マナー・身だしなみ

社会人としての常識的なマナーや身だしなみができているかを確認する。年配の面接官が特に重視するポイント。

⑥ 責任感

保育者として責任をもって、仕事をまっとうできる人物かどうか、また、すぐに退職してしまうような人物ではないかをチェック。

面接カード・エントリーシートの書き方

- 面接カードとエントリーシートを書くための基本を整理
- 各項目に、どのような内容を書くべきかを把握する

基本を押さえて魅力的に書く

　面接試験の前段階である書類選考の資料として履歴書とともに提出するのが、自治体採用では面接カード、民間施設採用ではエントリーシート（ES）です。その書面の内容は、それぞれの自治体や民間施設によって異なりますが、基本的に履歴書には書き込めない自己PRや志望動機を書くようになっています。書類選考を通過するためにも、まずは基本的な書き方を覚え、印象的な書面になるように、各項目の記述内容をチェックしていきましょう。

　また、面接カードやESは、面接時の資料にもなります。提出前には必ずコピーを取っておき、面接試験で話すこととのぶれが生じないように、面接の直前には見直すようにしましょう。

面接カード・ESで高評価になるためのポイント

① 簡潔かつ具体的でわかりやすい	余計な言葉を使わずに、言いたいことの核心をとらえた内容が書かれていると、評価は高くなります。具体的なエピソードを用いて、短い文章の中でも説得力をアップさせることが大切。
② 採用側の視点をとらえている	面接カードやESを読むのは、採用側の人たちです。自分が書きたいことよりも、相手が読みたいであろうことを書くようにしよう。また、読みやすいように見出しをつけたり、適度に改行をしよう。
③ 意欲と熱意が伝わってくる	その自治体・施設で働きたいという意欲と情熱が伝わるように、各欄の8割程度は埋めるようにしよう。空欄があると消極的に見られる可能性があるので、どんな欄にも積極的に記入することが大切。

面接カード・ESの書き方の基本

基本の基本

黒の万年筆か
ボールペンで書く

黒インクの万年筆かボールペンで書くのが一般的。ただし、消せるボールペンは不可。色分けなどはしない。

書き間違えたら
書き直し

書き間違いには修正液などは使わず、最初から書き直すようにしよう。ミスを防ぐためには、下書きをしておくとよい。

文字は丁寧に
はっきりと大きく

文字は下手でもいいので、丁寧に書くことが大切。また、見やすさを優先して、はっきりと大きな文字で書く。略字は不可。

× 私は学生時代

× 私は学生時代

○ 私は 学生時代

書き方のポイント

● 文体は最初から
　最後まで統一しよう

「～です・～ます」調と「～だ・～である」調、どちらの文体で書いてもOK。しかし、必ず最後まで同じ文体で統一すること。

● 見出しや箇条書きで
　読みやすく

自己PRなどの大きい記入欄は、文章だけでびっちりと埋めずに、見出しや箇条書きなどを使って読みやすくしよう。

● 一文をダラダラと
　長くしない

一文を長くしてしまうと、読み手に内容が伝わりにくい。簡潔な短い文をつなげるように書いていけば、わかりやすい文章になる。

● 余白は少なめで
　8割は埋めるように

字数いっぱいに書いてしまうと読みにくいが、余白が多いと熱意が感じられなくなってしまう。8割ほどは埋めるようにしよう。

● 最初に結論→あとから
　理由やエピソードを

日本人は最後に結論を話すことが多いが、面接カードやESでは最初に結論を書き、あとから理由やエピソードなどを付け加える。

● 最後に誤字・
　脱字のチェックを

書き終わったら、必ず読み返して、誤字や脱字のチェックをしよう。自信のない文字は辞書で調べることを忘れずに。

面接カード・ESの各項目について

自治体採用 面接カード例

公務員試験の中で、保育士および幼稚園教諭の採用専用のものが用意されている。形式や項目の内容は自治体によって異なるので注意が必要。

- 記入項目が細かく分けられていることが多い。
- 面接での口頭質問の資料になる。
- 文字の正確さ・丁寧さも採用の基準のひとつになっている。

○○市 保育所正規職員 面接カード

自筆で記入してください。

年 度	職種	正規（保育士）	番号		備 考
（ふりがな） 氏 名			生年月日 昭和 平成　年 月 日（ 歳）	性別	

①達成感を味わった経験について、具体的に記入してください。

②保育士としての適性について、自分をアピールしてください。

③保育士の仕事においては、何が大切だと思いますか。

Point

志望動機

ただ「保育者になりたい」「ここで働きたい」ということをアピールするのではなく、保育者という職業や採用先で、自分の特性をどのように活かすかを説明する必要があります。他の職業や採用先でも通用するような内容では、説得力が出ません。

自己PR

採用側は、受験者がどのような人物であるかを知りたいために、自己PRを書くように指示しています。ですので、「自分はこんなタイプの人間で、あなたたちにはこんなメリットがある人間です」というアピールを、具体的なエピソードを挙げて説明しましょう。

学生生活について

学生生活で打ち込んだことや印象に残っていることについては、「結果」は聞かれてはいません。大切なのは「どのような過程を通じて、どのような経験をしたか」を説明すること。自分1人ではなく、仲間との経験を書くと、協調性がアピールできます。

挫折・成功体験

挫折体験からどのような教訓を得たのかを説明し、苦労自慢で終わらないようにします。成功体験は、「○○を受賞」などの大きなエピソードよりも、「アルバイトでお客さんにお礼を言われた」などの些細な成功を説明するほうが、読み手の心を打つことが多いです。

(ふりがな)		希望	
氏　名		職種	

①志望動機を教えてください。

②学校生活で印象に残っていることは何ですか。

③趣味・特技を教えてください。

④自己PR

民間採用エントリーシート例

施設ごとに内容は異なるものの、一般的な企業のESと似ていることが多い。記入の自由度が高いので、しっかりと対策を。

- 記入項目は少なく、自由度が高い。
- 面接時には、これをもとにして質問される。
- わかりやすく書いて、他の受験者のESとの差別化を図る。

⑤ 趣味・特技・資格など

面接カードやESに書くからには、「保育に活かせると思ったため」などと自己PRや志望動機と絡めたものを書くようにします。また、これらの内容は面接時に質問を受けることもあるので、正直な内容を書きましょう。

memo

民間施設のWebエントリーも同様に！

民間施設の採用では、Webエントリーをおこなっている場合もあります。その際、ESをホームページ上で入力することになりますが、書き方のポイントは書面とまったく同じです。特に読みやすさには注意して、強調したい部分には見出しや箇条書きを効果的に用いましょう。

先輩保育者の就活体験談②

Profile

Bさん（30歳・男性）
千葉県在住／私立保育所に勤務

Q. 就職活動では何が一番大変でしたか？

就職先を探すことが大変でした。男性保育者のニーズは多くなっているものの、女性に比べると受け入れてくれる採用先は少ないのです。僕の場合は求人サイトに登録をして、マメに採用情報をチェックしていました。

Q. 面接でのエピソードを教えてください

面接では積極的に質問していました。「男性保育者はどのぐらい所属しているか」「残業はどのくらいあるか」などと質問すると、面接官も「この施設に興味をもってくれているんだな」と感じてくれると思ったのです。

Q. 就職活動を控えている人にアドバイスを！

あまり弱気にならずに、自分のよいところを採用先に売り込むつもりで、面接などに取り組んでみてください。採用側だって受験者に興味があって面接に呼んでいるのですから、堂々とアピールするといいですよ。

Chapter 3

面接当日までに
すること

面接試験に挑むには、まず社会人としてのマナーを正しく身につけることが大切です。身だしなみや言葉遣いなど、社会人に必ず必要とされるもので、今の自分に欠けているものがあれば早めに克服し、余裕をもって面接当日を迎えられるようにしましょう。

面接当日までの準備と対策

🐰 面接に必要な準備と、事前の対策方法を確認する
🐰 面接前日から面接当日までの流れを把握する

生活リズムを整えて、面接に備える

　面接試験は午前中におこなわれることが多いので、夜型の人は生活リズムを朝型に変えて、午前中から頭が冴える状態にしておく必要があります。夜更かしなどせずに、睡眠を十分に取れる生活を心がけるようにしましょう。また、面接試験への遅刻は厳禁です。早めの起床を心がけて、あせらずに出発しましょう。

　面接試験前日には、持ち物や服装の準備は済ませておきます。提出した履歴書と面接カードのコピーに目を通し、面接で話す自己PRや志望動機の内容とぶれがないかを確認します。自己PRや志望動機は前日にあわてて考えるのではなく、事前にしっかりと練り込んでおいてください。

 面接試験・持ち物チェックリスト

書類関連

- ☐ 当日提出する書類（卒業見込証明書、健康診断書など）
- ☐ 履歴書・面接カードのコピー
- ☐ 面接会場への地図

必須用品

- ☐ 携帯電話
- ☐ 筆記用具
- ☐ 手帳・メモ帳
- ☐ 印鑑
- ☐ ハンカチ
- ☐ ティッシュペーパー
- ☐ 折り畳み傘

身だしなみ用品

- ☐ ヘアブラシ
- ☐ 手鏡
- ☐ 靴磨き
- ☐ エチケットブラシ
- ☐ ストッキングの予備（女性）
- ☐ メイク道具（主に女性）

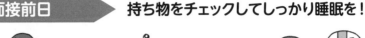

面接前日から面接本番までの流れ

面接前日 ▶ 持ち物をチェックしてしっかり睡眠を！

**持ち物は
前日にそろえておく**

持ち物のチェックは前日までに済ませておく。カバンに入れておけるものは入れておくと安心。

**スーツのシワや
ほつれをチェック**

シャツやスーツにシワがあったらアイロンをかけておく。ボタンのほつれがないかも確認。

**面接会場までの
道のりを確認**

面接会場までの道のりと、早めに着いた場合に待ち時間を調整できるカフェなどを調べておく。

当日の朝 ▶ 時間に余裕をもって準備をしよう

**早めに起きて
あせらずに身支度を**

早めに起きて、時間をかけて身支度をしよう。頭と体を働かせるためにも、朝食は必ずとること。

**持ち物の
最終チェック**

前日確認した持ち物を、再度確認する。充電していた携帯電話は、カバンに入れることを忘れずに。

**最新のニュースを
新聞などで確認**

当日のニュースの話題が、面接試験で尋ねられることも多い。新聞などで最新情報を確認する。

出発〜面接会場到着 ▶ 建物に入る前から面接は始まっている

余裕をもって出発を

電車の遅延も考えられるので、30分程の余裕をもって出発する。早めに着いたら、会場付近のカフェなどで待機しよう。

コートは建物の外で脱ぐ

建物内に入る前にコートを脱ぐのがマナー。雨の日は、傘のしずくを落としてから入ること。

面接本番

面接で効果的な
アピール法を練習

- 面接でアピール力を上げる練習法をマスターする
- 表情やジェスチャーなどでもアピール力を上げる

言葉だけでなく全身でアピールを

　面接試験では受験者が面接官に対して、自分自身や自分の考えをアピールする必要があります。初対面の相手にそれらのことを伝えるのは難しいので、効果的なアピール法を練習する必要があります。

　面接は面接官に言葉でアピールするものですが、あなたの熱意は言葉だけで伝わるものではありません。声の大きさや明瞭さ、表情、身振り手振りなどで伝わり方は変化し、印象に残りやすくなります。また、面接はあなたと面接官のコミュニケーションの場でもありますので、自分が話すだけでなく、相手の話を受け止める力が必要になります。面接の場にふさわしいコミュニケーション能力を身につけましょう。

面接で必要な「面接力」

自分の意見・主張を 伝える力	相手の話を受け止め 理解する力
● 自己PRや志望動機などを、書き出して整理し、まとめ上げる。 ● 大きく、はっきりと聞こえる声で話す。 ● 相手の目を見て、笑顔で話す。 ● 適切なジェスチャーを交えて話す。	● 体の正面を相手に向かい合わせ、話を聞く。 ● 適度に頷き、あいづちを打つ。 ● 相手の話に応じて、表情を変える。 ● 相手が話をしているときに口を挟まない。

面接での「話し方」練習ポイント

面接で話すことを書き出す

自己PRや志望動機などで話したいことを、一度紙に書き出してみる。思いついた順に、箇条書きで書き出してみる。

全部書き出したら、読み返して不要なものは削除、文脈に矛盾がないように箇条書きの順番を調整していく。

話し言葉になるように文章を調整し、声に出して練習する。丸暗記するのではなく、感情をこめて話せるようにする。

時間を計って練習する

自己PRなどには制限時間が設けられることが多い。1分、3分……と時間をいくつか設定してまとめ、練習しておく。

時間内に収めようと、早口になるのはNG。伝えたいことが多いなら、相手が知りたいであろうことを優先してまとめる。

質問に簡潔に答えられるように練習を。最初に「それは○○です」と結論を言ってから、わかりやすく説明できるようにする。

面接形式で練習

鏡などでセルフチェック

鏡に向かって話し方の確認をする。携帯電話の録画機能を使えば、口癖や話すスピードのチェックもできる。

親や友人に見てもらう

親や友人に面接官役になってもらい、受け答えの練習をする。就職活動中の仲間で互いにフィードバックするのもおすすめ。

模擬面接を利用する

学校の就職課やハローワークでは、模擬面接を実施しているところもある。無料か有料かについては問い合わせること。

言葉以外の「伝える力」

表情を豊かに

**常に笑顔で
魅力的に**

どんなに話の内容がよくても、表情がかたくてはあなたの魅力は伝わりません。面接中は常に笑顔で、明るい印象が保てるように心がけましょう。

明るい笑顔、真剣な表情など、話す内容に合わせて表情を変えてみよう。

目つきからは言葉よりも感情が伝わるもの。まっすぐな視線を心がけ、真剣さをアピールしよう。

ジェスチャーを加えて

**全身でやる気と
熱意を伝えよう**

「ここで働きたい」という熱意は、言葉だけで伝わるものではありません。ジェスチャーを加えることで一層力強くなります。

手や肩を軽く動かすことから始め、発言内容によっては、腕を大きめに振る。

体を固くせず、呼吸を大きくしてリラックスすると、動きやすくなり、ジェスチャーがしやすい。

面接練習 Q&A

Q 緊張で声が震えてしまう

A 腹式呼吸を心がける

腹式呼吸を心がけると、声の震えが出にくくなります。ヘソの下のあたりに空気を入れるような感覚で息を吸い込んでみましょう。

Q 面接官の目を
見ることができない

A 眉間のあたりを見るようにして

無理に相手の目を見ようとせず、相手の眉間のあたりを見るようにすれば、相手にも失礼な態度になりません。

Q 早口になってしまう

A 遅すぎると感じるくらいでOK

遅すぎると思うくらいのスピードで話すことを心がけてみましょう。また、話す量が多すぎる可能性もありますので、内容を見直してみましょう。

Q 顔が引きつって、
表情がかたくなってしまう

A 口元には笑みを浮かべよう

無理に笑顔にせずに、口角を上げて、微笑みの表情をつくりましょう。目を細めるだけの笑顔だと、目つきが悪くなることもあるので注意して。

面接での「聞き方」練習ポイント

聞く姿は評価ポイントになる

耳だけでなく全身で聞く

面接では、話を聞く態度もチェックされます。面接官や他の受験者の話を聞くときは、全身を話している人に向けるようにしましょう。

集団面接や集団討論では、他の受験者の話に興味をもって反応し、連帯感を生み出そう。

あいづちは「話を聞いていますよ」というサイン。相手の話に合わせて、会話のリズムをつくる。

共感しながら聞く

相手の立場になって考える

話を聞くときには、自分の主張や気持ちは一旦横に置き、相手に共感することで、その気持ちが理解できます。

話の内容をそのまま受け入れ、相手の気持ちに共感することが、話を聞く基本姿勢。

反射的に反論したりせず、相手がどんな気持ちで発言しているのかを考えてから、返答する。

聞き上手は話し上手

一方的に話さずにコミュニケーションを心がけて

面接は受験者だけが一方的に話すのではなく、面接官とのコミュニケーションの場であると考えましょう。相手の話を理解しようと思いながら集中して聞いていると、会話がスムーズに進みます。

相手の話をしっかり聞いて、それに合った答えを返せば、相手もストレスを感じることなく、次の質問にスムーズに進める。コミュニケーションをとりながら「面接」の時間を生み出すことを覚えておこう。

面接試験で 気をつけたい行動

🐰 面接試験で勘違いしがちなポイントを確認する
🐰 どのような行動がNGなのかを知り、正しい対応ができるようにする

目上の人に対するマナーを守る

普段の生活では問題がなくても、面接試験では「失礼だ」「みっともない」と面接官に思われてしまう行動があります。また、自分ではよかれと思ったことでも、かえって面接官から反感を買う行為もあるのです。

面接試験は、面接官という目上の人に相対する場です。目上の人に対してのふるまいが、家族や友人と同じようでは、社会人の行動とはいえません。

また、ただ目立てばよいという感覚での自己PRは、決して好印象にはつながりません。面接試験でやってはいけないことをチェックして、常識ある社会人への一歩を踏み出しましょう。

 **おさえておきたい面接マナー**

面接って、自分のことを話せばいいだけでしょ？

面接官には普段通りに話せばいいんだよね？

服装は自分の好きなものを選んでもよいですか？

面接は、面接官と互いに話をする機会です。

面接官は目上の人。ビジネスマナーを守って話しましょう。

男女ともにスーツが基本です。社会人としての身だしなみを。

⬇

面接は、面接官の話を聞き、それに答えながら自己アピールをする場です。一方的に話しては、悪印象のもとになります。

⬇

面接官には正しい言葉遣いをしなければなりません。この機会に正しいビジネスマナーを覚えましょう。

⬇

面接での服装は、男女ともにリクルートスーツが基本になります。社会人としてふさわしいかどうかを考えて身だしなみを！

面接でやってはいけないNG行動

自慢する

**自慢と
アピールは違う**

学業の成績や部活動での
実績などを自慢げに話す
のは、自分を過大評価し
ていると判断されかねな
い。努力の過程など、自
慢話にならないアピール
を心がけよう。

貧乏ゆすりなどのクセ

**クセのチェックを
事前にしておく**

貧乏ゆすりや咳払いの数
が多いなど、緊張するとク
セが多く出てしまいがち。
「落ち着きがない」などの
悪印象を与えないために
も事前に自分のクセを動
画などでチェックし、直し
ておこう。

横柄な態度

**どんな質問でも
冷静に答える**

わざと意地悪な質問をし
てくる圧迫面接で気分を
害し、面接官の前で横柄
な態度を取ったり、ふてく
されてしまうのはNG。面
接官の質問や態度の裏に
ある意図を読み取り、冷
静に対処しよう。

丸暗記

**感情の伝わる
話し方をしよう**

事前に用意した自己PRや
志望動機などをそのまま
丸暗記して話すと、面接
官には「丸暗記だな」とバ
レることが多い。自分の言
葉で語れるように、リズム
や抑揚をつけて話す練習
をしておこう。

くだけた言葉

**敬語を使った
正しい言葉遣いを**

面接官に対しては、正し
い言葉遣いで話すことが
基本。くだけた話し方をし
ては、相手を敬う気持ち
がないと思われてしまう。
P.68〜71を参考にして、
正しい言葉遣いを身につ
けよう。

声が大きすぎる

**部屋の雰囲気に
合った大きさで**

元気のよさをアピールす
るために、大きな声で話
す受験者が多いが、大き
すぎると、場の雰囲気を
読めていないと判断され
てしまうことも。部屋の大
きさや雰囲気に合った、声
のトーンを考えて話そう。

面接時の身だしなみと
セルフチェックポイント

🐰 面接における正しい身だしなみのポイントを確認する
🐰 前日までに確認・準備しておくことを整理する

社会人としてふさわしい身だしなみを

　見た目だけで面接の合否が決まることはありませんが、やはり面接時の身だしなみには十分に気をつけて、少しでも印象をよくしたいものです。ファッション性に偏った身だしなみでは、かえって印象を悪くしてしまいます。面接時の身だしなみに必要な要素は、「清潔感」「上品さ」「知的」の3つです。誰に対しても失礼にならない服装を心がけましょう。

　清潔感や上品さの面では、男性の長髪やヘアカラーは避けるべきです。女性も後れ毛や乱れがないようにまとめ、ネイルやメイクは控えめに。知的な雰囲気を出すためにも、服装はリクルートスーツと白いシャツでまとめます。スーツやシャツはシワがないように手入れをして、靴は必ず磨いたものを履きましょう。

前日までにチェックしておきたい身だしなみ

スーツ

- シワがないか
- ズボンのセンタープレスが取れていないか
- ボタンが取れかけていたり、ほつれている部分がないか
- 値札やクリーニングのタグが付いていないか
- ポケットなどにしつけ糸が付いたままになっていないか

シャツ

- シワがないか
- 汚れがないか（襟やカフスは要注意）

靴

- 磨いてあるか
- かかとがすり減っていないか

面接時の正しい身だしなみ

男性

髪型
短めの髪を耳や額が見えるようにセットする。

ひげ
剃り残しがないように、チェックする。

スーツ
一般的な紺か黒色のリクルートスーツが基本。

シャツ
ネクタイ
シャツは必ず白色を着用する。ネクタイはスーツに合ったものを2〜3本用意しておく。

靴下
紺か黒色を選ぶこと。スーツに白色の靴下はNG。

アクセサリー
ピアスやネックレス、指輪など、すべて外すこと。

靴
シンプルなデザインの黒色が基本。

女性

髪型
黒髪がベスト。長い髪は乱れないようにまとめ、前髪が垂れてこないようにする。

メイク
ネイル
ナチュラルメイクを心がけて。ネイルは、肌色に近いものはOK。

スーツ
シャツ
一般的な紺か黒色のリクルートスーツ。シャツはシンプルなデザインの白色を着用する。

アクセサリー
控えめなデザインのピアスであればOK（複数はつけない）。それ以外のアクセサリーは外すように。

ストッキング
肌色に近いものを着用する。

靴
黒色のシンプルなヒール靴を選ぶ。ヒールは3センチほどがベスト。

カバン
黒色で、A4サイズの書類が入り、収納力があるものを選ぶ。面接のとき、イスの横に置いても倒れないデザインのものがよい。

入室から退室までの好印象マナー

- 部屋に入ってから出るまでの、すべての動作・対応をチェックする
- 面接官に好印象を与える正しいマナーを覚える

正しいふるまいができるように練習を

　入室からの1分で、面接官は受験者のイメージを決めてしまうといわれています。それほど入室するときのマナーは注意しなければなりません。たとえ事前に練習していても、緊張しているとうまくいかないことが多いものです。正しいマナーを身につけ、何度も練習をして、自然と体が動くようにしておきましょう。

　また、面接中は、背筋をのばして正しい姿勢でイスに座ることを心がけます。退室時には、「終わりよければすべてよし」となるように、スムーズな退室のしかたを練習をしておきましょう。

面接官はココをチェックしている！

イスに座っている姿勢

背もたれに寄りかかったり、背中を丸めて座るなど、面接の場にふさわしくない座り方をしていると、面接に対する真剣さが伝わらない。

お辞儀

お辞儀は浅すぎても深すぎてもダメ。適度な角度で、腰から頭を下げるようにする。お辞儀の角度を確認しておく（→P.66）。

歩き方

猫背だったり、歩幅が狭いと、元気がなさそうに見えます。背すじをのばし、なるべく大きな歩幅で歩くようにしよう。

動作の流れ

入室から退室までの、一連の動作の流れがスムーズだと、品性があり、落ち着いた人物としての印象を面接官に残せる。

入室から着席までの流れ

① ドアをノックする。

④ 「お座りください」と
うながされたら、
イスの横に立つ。

Point
イスの横（ドア
に近い方）へ
と歩いていこ
う！

② 「失礼します」と声掛けし
ドアをゆっくり開けて、室
内に一歩入る。

⑤ カバンを足元に置き、
一礼したのち、名乗る。

○○学校の
××です。
どうぞよろしく
お願いします。

③ ドアを閉めて一礼し、
「よろしくお願いします」
などのあいさつをする。

Point
ドアは手だけ
で閉めず、体
ごと振り返っ
て閉める。

⑥ もう一度一礼する。

⑦ 着席する。

3
面接当日までにすること

お辞儀・座る姿勢

お辞儀

頭のてっぺんから糸で引っ張られているように、まっすぐに立ち、腰から上半身を30度ほどの角度まで傾ける。頭だけ下げるお辞儀はNG。

男性

腕は自然に横に下ろし、ズボンの縫い目に沿わせるように手をつける。

女性

手は体の前で軽く重ね、軽く肘を曲げる。

座る姿勢

イスには背もたれからこぶし1つ分ほど開けて座る。上半身は立っているときと同様に、まっすぐな状態を保つこと。視線は正面に向ける。

男性

足は少しだけ開き、手はこぶしを握って膝の近くに置く。

女性

足はそろえて正面にし、肩の力を抜いたうえで、手は太ももの上で重ねる。

面接終了から退室までの流れ

① 「これで面接終了です」と指示を受けたら、イスから立ち上がる。

② 一礼してお礼を述べる。

ありがとうございました。

③ カバンを持つ。

④ ドアまで歩く。

Point

イスの後ろを通って、ドアに向かうこと！

⑤ ドアの前で振り返り、一礼する。

⑥ ドアを開けて退室し、向き直って、静かにドアを閉める。

面接会場

パタン

面接で気をつけたい言葉遣い

🐰 面接にふさわしい言葉遣いを正しく理解する
🐰 自分の話し方をチェックし、正しい言葉遣いができるようにする

丁寧語を基本に、若者言葉を避ける

　言葉遣いは、あなたのイメージを大きく左右します。面接でも同様で、悪気がなかったとしても、面接官に対して普段と同じ言葉遣いをしていては、保育者にはふさわしくないと判断される可能性もあります。

　日常で使っていないビジネス向けの言葉をスムーズに話すには、練習が必要です。まずは語尾を「〜です」「〜ます」にする丁寧語で話すことを心がけましょう。そして、「マジで」や「〜みたいな」のような、一般的に「若者言葉」と呼ばれるフレーズを避けたり、別の言い方に変えるようにしてみましょう。

　また、「ですからー」「なのでー」と語尾をのばすなどの無意識なクセがないか、家族や友人に確認しましょう。

 主な敬語の種類

相手を敬う	自分を一段下げる	「です・ます」を使う
尊敬語	**謙譲語**	**丁寧語**
相手に敬意を表すために、相手の行為などを丁寧に言う言葉。相手を主語にして用いる。	相手に敬意を表すために、自分の行為などを謙遜して言う言葉。自分を主語にして用いる。	物事を丁寧に言う言葉。
●〜れる、〜られる ●お〜になる	●〜する、お〜いたす ●〜させていただく	●〜です、〜ます、〜でございます

覚えておきたい言葉遣いの基本

よく使う尊敬語・謙譲語

	尊敬語	謙譲語
言う	おっしゃる	申す・申し上げる
聞く	お聞きになる	うかがう
いる	いらっしゃる	おる
行く	いらっしゃる・おいでになる	うかがう・参る
来る	いらっしゃる・お見えになる	うかがう・参る
見る	ご覧になる	拝見する
会う	お会いになる	お目にかかる
知っている	ご存知である	存じる・存じ上げる
食べる	召し上がる	いただく・頂戴する

クッション言葉を上手に使う

言いにくいことを伝えたり、相手に手間をかけさせてしまうときには、下のような「クッション言葉」をつけることで、言葉当たりをソフトにしたり、こちらの申し訳なさを伝える効果がある。

たとえば……

代表的な「クッション言葉」
- 申し訳ございませんが
- 恐縮ですが
- 失礼ですが
- 恐れ入りますが
- お手数をおかけいたしますが

- 申し訳ございませんが、もう一度おっしゃっていただけませんか?
- 失礼ですが、名刺をいただけますでしょうか?

若者言葉を避ける

多くの若い人の間で話されている若者言葉は、年配者は不快に感じることがある。言い換え可能な若者言葉は、正しい言葉に直して使うようにする。また、「とかー」「だったりー」などと語尾をのばす言い方は、ビジネスシーンではふさわしくない。

若者言葉の例
- なんか
- とりあえず
- 私的には~
- 普通、○○ですよね?
- やっぱ
- マジっすか?
- ~っていうか
- ~じゃないですか?
- ~みたいな
- ~だったりして

会話中の言葉遣いのチェックポイント

自己紹介をお願いします。

× 俺は○○大学の××です。
○ **私（わたくし）は○○大学の××です。**

Point
男女ともに、一人称は「私（わたくし）」で話す。

ここまで利用した交通機関を教えてください。

× 地下鉄で来ました。
○ **地下鉄で参りました。**

Point
自分の行動を話すときは、謙譲語を使う。

毎日、新聞を読んでいますか？

× はい。
　今日も読みました。
○ **はい。**
　本日も読みました。

Point
「今日」は「本日」と言うのが、ビジネス用語では正しい。

日にちを表す言葉の言い換え
● 明日（あした）→ みょうにち
● 昨日（きのう）→ さくじつ
● おととい → 一昨日（いっさくじつ）
● この前・このあいだ → 先日

この施設の創立者の名前を
知っていますか？

× すみません。わかりません。
○ **申し訳ございません。**
 存じ上げません。

Point

目上の人への謝罪には、
「申し訳ございません」
「失礼しました」
などで対応する。

あなたが尊敬する人は、
誰ですか？

× 私はお父さんを尊敬しています。
○ **私は父を尊敬しています。**

Point

「お父さん・お母さん」は
「父・母」と言い換える。
また、家族などの身内には
謙譲語を使う。

○日までに、こちらから
連絡を差し上げます。

× はい、了解しました。
○ **はい、かしこまりました。**

Point

目上の人に合意の
返事をするときは、
「かしこまりました」
と言う。

先輩保育者の就活体験談③

Profile

Cさん (27歳・女性)
東京都在住／私立幼稚園に勤務

Q. 就職活動では何が一番大変でしたか?

　たくさんの求人情報の中で、自分に合った就職先をどのように選べばよいのかということです。公立施設も魅力的だったのですが、私は自分の特技の英会話を活かせる私立施設に絞ることにしました。

Q. 面接でのエピソードを教えてください

　英会話教育がある幼稚園を主に受験したのですが、集団面接では他の受験者の英会話のレベルが高くてびっくりしました。そこで私は、アルバイトで子どもに英会話を教えていたエピソードを話すようにしました。

Q. 就職活動を控えている人にアドバイスを!

　自分の長所が何かを、しっかりと把握した方がいいと思います。どんなに優秀な人でも、その施設に合わないタイプであれば落ちてしまうので、自分の長所とぴったり合う施設を探すことが大切ですよ!

Chapter 4

集団面接&集団討論の攻略法

複数の受験者を対象に実施する集団面接や集団討論では、集団内でのあなたの人物像がチェックされます。協力し合って保育をおこなうために必要な「協調性」や、保護者の話を聞くための「傾聴力」など、アピールポイントを紹介します。

集団面接の流れと内容

- 集団面接の特徴と注意点を確認する
- 集団面接の一般的な流れを知り、対策を立てる

集団内での行動や態度をチェック

　集団面接は、複数の受験者が複数の面接官によって選考される面接のことです。面接中は、自己PRや志望動機などを受験者が順番に述べていき、そののちに面接官から受験者全員、もしくは特定の受験者に対しての質問があります。他の受験者の話につられたり、負けたくない気持ちからプレッシャーを感じてしまうことが多いものですが、あくまで自分を面接官に知ってもらうという面接の目的を忘れずにアピールしましょう。

　また面接官は、それぞれの受験者が集団の中でどのような態度を見せるかについてもチェックしています。自分の主張だけに気を取られず、他の受験者の話にも耳を傾けて、傾聴力をアピールすることが大切です。

集団面接の基本

**傾聴力が
大きなポイントに**
面接官は受験者が他の
受験者の話をどのように
聞いているかをチェック
しています。

**割り当てられる
時間は短い**
話せる時間は、1人
あたり10分程度と
非常に短いです。簡
潔な中にも、インパ
クトを残せるように
しましょう。

**自治体でも
増加傾向に**
自治体では集団面接を
実施することが少なかっ
たのですが、近年は増
加傾向にあります。

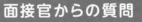
集団面接の一般的な流れ

入室

- 集団面接で一緒になるグループ全員で入室する。

自己PR

- 面接官に指示された順番で自己PRをする。
- 制限時間があったら、その時間を意識して、早めに終わるぐらいの意識をもつ。
- 聞いている態度も評価につながるので、他の受験者の話にしっかりと耳を傾ける。

志望動機

- 面接官に指示された順番・制限時間の中で、志望動機を述べる。
- 他の受験者の意見に流されず、自分なりの志望動機を話す。
- 他の受験者と志望動機が似ていたら、「○○さんと同じように〜」と話を受ける形で話す。

面接官からの質問

- 全員に同じ質問をする場合と、特定の1人に質問する場合がある。
- 全員への質問の場合、他の受験者と似た答えであった場合には、少しだけでも違いを出すように心がける。
- 全員に同じ質問である場合、下記のような内容を問われることが多い。

> 「学生時代にがんばったことは？」
> 「あなたの長所は？」
> 「最近、関心のあるニュースは？」
> 「他の自治体・施設の選考状況は？」

逆質問

- 面接官から「何か質問はありますか？」と聞かれる。
- 必ず質問するようにする。
- 他の受験者と重複しないように、質問はいくつか用意しておく。

退室

- グループ全員で退室する。

集団面接
攻略のポイント

- 🐰 集団面接を攻略するために大切なコツを押さえる
- 🐰 集団面接での不安点を解消する

協調性と傾聴力が重要

　集団面接では、面接官は受験者の集団内での態度を見ています。それがすなわち、就職後の職場での態度そのものだと考えているためです。面接のグループ内では、他の受験者の話にしっかり耳を傾け、困っている受験者のフォローをするなど、協調性と傾聴力をアピールしましょう。

　また、同じグループの中に優秀な受験者がいたとしても、あきらめたり落ち込んだりする必要はありません。面接は受験者の優秀さを比べるコンテストではなく、採用側の求める人材に合う受験者を選ぶものです。面接の時点では皆平等にアピールができる権利があるのですから、正直な自分の姿を、明確な言葉で力強く伝えられるようにしましょう。

3つのヒント

① 他の受験者はライバルではない

面接官は集団の中にいるあなたの態度を見るために、集団面接をしています。ですから、一緒に面接を受ける人たちのことは、ライバル視せずに仲間と考えて、困っている人がいたら助けたりフォローすることが大切です。

② 1人だけが次に進むわけではない

1つのグループから1人だけが次の選考に進むと決まっているわけではありません。もし、グループ内に優秀な受験者がいたとしても、落ち込む必要はありません。あなたらしさを堂々とアピールしましょう。

③ 自己主張よりも、フォローに徹する

人の意見を気にせずに、自己主張ばかりするのはよくありません。集団内で困っている人がいたら助け船を出し、主に聞き役に回ることが、集団面接での評価ポイントである「協調性」をアピールすることになります。

集団面接のコツ

話はわかりやすく簡潔に	他の人と似た自己PRは視点を変えて勝負!	相手の話を受けて自分をアピールする
サークルの代表をしていましたが、メンバーの気持ちをまとめることが大変でした。	私も○○さん同様にサークルの代表をしており、みんなに助けられてがんばってきました。	助けられたといえば、私はどちらかというと、メンバーのリーダーをサポートする立場でした。

知っておきたいQ&A

Q 「どなたからでも」と回答の順番が自由だったら?

A 自分から積極的に手を挙げて答えよう

積極性を見せるチャンスと考え、自分から答えるようにしましょう。もし同時に他の受験者も手を挙げた場合は、ゆずる心づかいも大切です。

Q グループの最初に発言することになったら?

A まずは声をはっきりと出し、緊張をほぐそう

トップバッターは緊張してしまうものですが、気持ちを落ち着かせ、はっきりとした声を出すように心がけましょう。

Q 他の受験者からあなたの意見を聞かれたら?

A 批判せず、相手を思いやる気持ちを見せて

相手の発言を否定したり、バカにするような態度を取るのはNG。その人が言いたいことをくみ取って、答えるようにしましょう。

Q 面接官が1人の受験者を気に入っているようだったら?

A 気にせずに、最後までベストを尽くそう!

どんな状況でも、あきらめてはいけません。最後まで他の人たちの話をしっかり聞き、集団内における誠実な態度を見せることが一番のアピールです。

集団討論の
流れと内容

- 集団討論の形式や内容、採点対象を確認する
- 集団討論の流れと内容を知り、対策を立てる

実際の会議に近い形式で、協調性をチェック

　集団討論は、複数の受験者にテーマにもとづいた討論をさせて、その様子を面接官が評価する面接試験です。最初にテーマが提示され、受験者の間で役割分担を決めたあとで、自分の意見を考えてまとめる時間が与えられます。その後、受験者がそれぞれ意見を発表し、自由な討論をおこないます。

　集団討論は、受験者の集団内での発言や、周囲への対応をチェックするものです。ここでも集団面接と同様に、他の受験者の話をよく聞きながら、フォローする協調性と、自分の主張をはっきりと述べる力が重視される傾向があります。

集団討論の基本

受験者同士で話し合う
受験者同士で、与えられたテーマについて話し合い、1つの意見にまとめることを目的とします。

面接官は口出しせずに採点する
面接官たちは口出しすることなく、討論の様子を見て、それぞれの受験者たちの評価をおこないます。

答えが出にくいテーマが多い
集団討論は全員の意見をまとめることが目的であるため、あえて結論を出しにくいテーマが提示されることが多いです。

集団討論の一般的な流れ

入室

- 討論をおこなうグループ全員で入室する。

テーマの提示・役割分担

- 討論すべきテーマが、面接官から提示される。
- 受験者それぞれに面接官が役割を割り当てたり、立候補制で役割を選ぶ。

主な役割

司会……討論をスムーズに進行させる。

記録係……全員の意見を記録し、最後に結論をまとめて発表する。

タイムキーパー……討論の時間管理をする。

意見を考えてまとめる

- 自分の意見を考える時間が10〜15分ほど与えられる。
- 頭の中で意見をまとめる場合、「私は○○だと思います。なぜなら〜」と結論から話し、簡潔な主張になるように心がける。

意見の発表

- 全員が意見を発表する。
- この時点では、他者の意見と聞くだけにとどめ、討論はしない。

討論

- 司会者の指示に従って、討論を開始する。
- 司会者が方向性を導きながら、1つの意見に集約できるように話し合う。
- タイムキーパーは残り時間を確認し、「あと○分です」と伝える。

まとめ

- まとまった意見を、記録係が面接官に提示。
- 面接官が討論の終了を告げる。

退室

- グループ全員で退室する。

集団討論
攻略のポイント

- 🐰 集団討論で評価対象になるのは何かをチェックしよう
- 🐰 集団討論に関する疑問点を解消しよう

周りと協力できる姿勢をアピール

集団討論では、自分の意見を通すことが評価されるわけではありません。評価ポイントは、主張の強さや討論の勝ち負けではなく、討論相手の話を熱心に聞いている姿勢や、自分に与えられた役目をしっかりと果たすこと、そして集団の中で意見をまとめる能力なのです。

保育の現場において、自分ひとりだけで仕事をおこなうことはほとんどありません。職場の仲間と協力しながら保育の仕事にあたれる人材であるかを判断するために、このような討論形式の試験を取り入れるのです。どんな人とでも協力し合えるのをアピールすることが、集団討論では大切な心がけであることを覚えておきましょう。

3つのヒント

① 否定や自己主張だけではNG!

集団討論では、面接官は受験者の「話し合い力」を見ています。誰かの意見を否定したり、自分の意見を押し通す態度を取っていては、意見をまとめようとしているようには見えず、低評価になってしまいます。

② 与えられた役割に徹しよう

集団討論では、司会などの役割を与えられることがあります。どんなに苦手でも、その役割に徹することで、面接官には熱心さが伝わります。もし役割が立候補制だった場合は、積極的に役割を担当しましょう。

③ グループ全体の合格をめざそう!

集団討論で同じグループになった人たちを、ライバル視してはいけません。一緒に討論して、お互いのよさを出し合うことを考えることが大切です。グループの全員が次の選考に進めるように協力し合いましょう。

集団討論のコツ

自分の経験に もとづいた話を	相手の話を一度は 必ず受け入れよう	反論は相手の意見を 活かす形で
ボランティアで高齢者介護をして、介護者の負担を減らすべきだと感じました。	確かに○○さんの言うとおりですね。よくわかります。	○○さんの意見に××を加えると、さらによくなると思います。

知っておきたいQ&A

Q みんなの発言が止まってしまったら?

A 「少し考えましょう」と声掛け

グループ全体のイメージを悪くしてしまいますので、「1分間だけ考えてみませんか?」などと、雰囲気を変える声掛けをしてみましょう。

Q 司会になったら?

A リーダーシップ力よりも傾聴力が大切

司会はリーダーではなく、みんなの話をよく聞いて、結論をまとめる役割です。みんなが納得する結論を導き出しましょう。

Q 話すのが苦手でなかなか発言できない

A 苦手だからこそあえて最初に話そう

話さずにいると、かえって話しにくくなってしまいます。あえて最初に話し出すなど、印象的な場面で意見を述べるようにしてみましょう。

Q 討論で結論が出ない場合は?

A とりあえずの結論でもOK

時間制限のある討論では、結論が出ないこともあります。その場合、条件つきでとりあえずの結論を出しましょう。

先輩保育者の就活体験談④

Profile

Dさん (32歳・女性)
宮城県在住／公立保育所に勤務

Q. 就職活動では何が一番大変でしたか？

　私は私立保育所からの転職者で、公立保育所での勤務をめざしていました。そのため、採用がある自治体を探すことが大変でしたね。また、公立独特の採用試験に対応するための勉強も必死でがんばりました。

Q. 面接でのエピソードを教えてください

　前職を退職した理由を、何度も聞かれたことが記憶に残っています。できるだけ前向きな理由を話そうと、公立保育所で福祉に重点を置いた保育に取り組みたいために退職したことを述べ、前職で障害児の保育をおこなっていたことも伝えました。

Q. 就職活動を控えている人にアドバイスを！

　転職の就職活動では、前職の実績や経験を次の職場でどのように活かすべきかを具体的に考えておくといいですよ。転職を否定的にとらえずに、「私はたくさんの経験をしてきたんだ」と自信をもって、就職活動をしてください。

Chapter **5**
個人面接の攻略法

個人面接は、受験者が面接官に自分を売り込む、最大のチャンスの場です。「自分がどんな人間か」「どうして保育者になりたいのか」「どうしてここで働きたいのか」などの質問を通して、等身大の自分をアピールするためのコツをマスターしましょう。

個人面接の流れと内容

- 🐰 一般的な個人面接の流れや内容を確認する
- 🐰 個人面接のために準備すべきことをチェックする

あなたをアピールできる貴重な場

　個人面接はあなた個人を面接する試験です。受験者1人に、面接官2〜3人が対面し、所要時間は10〜20分ほどです。

　面接官にとって個人面接は、あなたを知るための大切な機会です。また、あなたにとっては、集団面接や集団討論とは違い、他の受験者に気をつかうことなく自分をストレートにアピールできる場なのです。「自分はなぜ保育者になりたいのか」「なぜこの自治体・施設で働きたいのか」といった気持ちを、明確な言葉で伝えられるようにしておきましょう。

個人面接の基本

ありのままの自分を伝える
面接官は受験者の本心を知ろうと質問しているので、見栄を張ったりウソを話したりせず、自分の気持ちを正直に伝えましょう。

面接官との会話を大切に
集団面接・討論とは異なり、面接官と直接話す時間が多い個人面接は、面接官に一方的に話すのではなく、会話を大切にしましょう。

あなたも採用側をチェックする機会
個人面接は、あなたが採用側をチェックする場でもあります。面接官同士の上下関係の雰囲気などから、自分に合った自治体・施設なのかを判断しましょう。

個人面接の一般的な流れ

入室

● 名前を呼ばれたら入室する。

自己PR

● 面接官は、あなたがどのような人物なのかを知りたがっている。

● 自分を「商品」と考えて、売り込む気持ちでアピールする。

● 自信がありすぎても、なさすぎてもダメ。ウソをついたり見栄を張ったりせず、ありのままの自分を伝える。

志望動機

● 「なぜ保育者になりたいのか」「どうしてこの自治体・施設で働きたいのか」の2つを伝える。

● 保育者の仕事や、自治体・施設の特徴と絡めて話すようにする。

履歴書・面接カードに沿った質問

● 履歴書と面接カードは提出前にコピーし、面接前に内容を確認しておく。

● 履歴書と面接カードに書いてある内容と、面接での質問への答えに矛盾がないようにする。

● 得意な保育技術についても聞かれるので、答える準備をしておこう。

逆質問

● 面接官から「何か質問はありますか?」と聞かれる。

● 必ず質問できるように、事前に質問を用意しておく。

● その自治体・施設に合った質問をする。

● 給与や待遇についての質問はNG。

退室

● 面接官から面接終了を伝えられたら、退室する。

個人面接 攻略のポイント

- 🐰 個人面接を落ち着いて受けるコツをつかむ
- 🐰 困ったことがあったときの対処法を覚えておく

どんな質問にもあせらず・あわてずに答える

個人面接では、面接官に対する受験者は1人ですから、面接官からはかなりつっこんだ質問をされるものと覚悟しましょう。それは、「受験者のことをしっかりと知りたい」という気持ちと、「この質問をしたら、どんな返答をするか」「困った質問をしたら、どんな態度を取るか」などの受験者の心の動きを確かめたいという意図があります。

保育や教育をおこなう人材を選ぶとき、どんな質問にも落ち着いて答える受験者には、安心して保育を任せられる雰囲気が見えるため、高評価が集まるものです。予想していなかった質問にもあわてずに答えられるようにしておくことが、最善の対策です。

3つのヒント

① 面接官の視点になってみる

面接官は「この自治体・施設にふさわしい人間か」「この人と一緒に仕事をしたいか」という視点であなたを見ています。自分と採用側との相性のよいところを考えてみましょう。

② 面接官の質問の「ウラ」を考える

どんな質問にも、面接官の隠れた意図が潜んでいるものです。それを読み取って、相手が望んでいる答えを述べられるようになれば、どんな質問でも怖くありません。

③ 緊張「しない」ではなく「して当たり前」

「緊張しないように」と思っても、どうしても緊張してしまうので「緊張するのが当たり前」と考え、緊張しても伝えられるアピール素材を用意しておきましょう。

個人面接の席の配列

面接官

受験者

- 面接官が横一列に並び、その前に受験者が座ります。

- あなたが質問に答えるときには、質問をした面接官を中心に、全員に視線を向けるようにしましょう。

- 面接とはいえ、会話のキャッチボールをする気持ちが大切です。

知っておきたいQ&A

Q 面接官の言葉が聞き取れなかったら?

A 正直に申し出て聞き直そう

「声が小さかったので」などと相手の非を責めることなく、自分が聞き取れなかったことを素直に申し出て、もう一度話してもらうようにしましょう。

Q つまずいて転んでしまった! とっさの対処法は?

A すぐに謝り、落ち着きを取り戻す

うっかり転んでしまうなどのアクシデントがあった場合は、すぐに「申し訳ございません」と謝罪して、落ち着きを取り戻してください。

Q 予想外の質問をされてあせってしまったら?

A 一呼吸おいてゆとりの時間をもつ

すぐに答えようとしなくても大丈夫です。一呼吸おく時間をもち、考え出した答えをゆっくりと話しましょう。

Q 圧迫面接を受けてしまったら?

A ムキになって反論せず冷静に答える

わざと受験者を困らせて、どんな態度を取るのかを見ようとしているのです。決してムキになったりせず、冷静に自己PRすることを心がけましょう。

Q わからない内容を問われたら?

A 知ったかぶりは厳禁! 「わからない」を認める

素直に「勉強不足で申し訳ございません」と知らなかったことを認めましょう。知ったかぶりで答えては、マイナス評価につながります。

Q 同じ質問を別の面接官からも問われたら?

A 誠実な態度で同じ答えを返そう

「さっきも同じことを聞きましたよね?」とは言わず、同じ答えでかまいませんので、誠実な態度で答えるようにしましょう。

個人面接最大のポイント 自己PR

- 🐰 自己PRを述べるにあたっての心構えを確認する
- 🐰 魅力的な自己PRの考え方・つくり方を学び、実践する

短い時間にアピールできるポイントをまとめる

ほとんどの自治体・民間施設の個人面接において、自己PRが求められます。自分の長所やアピールポイントを知ってもらえる機会と考え、面接官の目を見て、明るくはっきりとした口調で話すようにしましょう。

また、自己PRを事前に考えるには、どのように自分の特徴を数分間の短い時間にまとめられるかが重要になります。短くまとめても、「部活動でがんばりました」など具体性に欠けるアピールではまったく伝わりませんので、アピールポイントを裏づけるエピソードとともに、仕事をするうえでどのような力を発揮できるのかといった主張を加えて、説得力のある自己PRをつくりましょう。

 こんな自己PRはNG！

自慢話

- リーダータイプです
- 英語が得意です
- 部活動でキャプテンでした

自分が優れていることだけを主張しては、面接官の反感を買うこともあります。その資質をどのように仕事に活かすかを伝えましょう。

マイナス思考

- 人前に出るのが苦手です
- 気弱なので保護者への対応は苦手です
- 子どもは嫌いです

「どうして保育者になろうとしたのか？」と疑問に感じるような、マイナス思考の自己PRは好評価につながりません。

漠然としたアピール

- 何でもできます
- 打たれ強いです
- 元気があります

その特性・資質を裏づけるエピソードがないと、説得力がありません。どんな場面で発揮できるのかを具体的にアピールしましょう。

自己PRの考え方

STEP1　アピールポイントを探す

自分にはどんなアピールポイントがあるのか、
さまざまな方法で探してみよう。

自己分析
- 自分を客観視してみる
- 自分の強みを探す

家族に調査
- 自分の長所を聞いてみる
- 幼い頃のエピソードから自分の特徴を探る

友人に調査
- 友人の評価を参考にする
- 友人関係ではどんな立場か（リーダー、聞き役など）

STEP2　具体的なエピソードを探す

アピールポイントをわかりやすく伝えるための具体的なエピソードを、
これまでの経験などの中から探してみよう。

これまでの経験
アピールポイントが生まれるきっかけとなった経験は何か。

考え方の傾向
「前向きな発想」など、アピールポイントを活かした考え方をしているか。

行動したこと
アピールポイントを活かして、行動したことによるエピソードはあるか。

STEP3　アピールポイントを仕事で活かすことを考える

自分のアピールポイントを活かして、
採用先でどのように働けるかを考えよう。

採用先
- 生後3ヶ月の子どもも保育している
- 音楽教育に力を入れている
- 忍耐力ある人材を求めている

自分
- 子どもが好き
- ピアノを習っていた
- 部活動で厳しい練習に耐えてきた

採用先の保育理念や内容などを調べたうえで、自分のアピールポイントと照らし合わせると、働き方が見えてきます。

印象に残る志望動機

- 保育者としての志望動機は、どのようなものがよいか確認する
- 魅力的な志望動機の考え方・つくり方を学び、実践する

志望動機は2つ準備する

　自己PRと並んで、個人面接で必ず問われるのが志望動機です。幼稚園教諭や保育士の面接試験では、「なぜ保育者になりたいのか」と「なぜこの自治体・施設を選んだのか」の2つの志望動機があります。

　前者は、他の職業ではなく、あえて保育者を職業として選んだ理由を述べる必要がありますので、保育そのものや現在の保育の状況などを頭に入れて考える必要があります。

　後者は、受験する自治体・施設についての下調べが重要です。その自治体・施設の保育に関する特徴をつかみ、保育者としてどんな仕事をしたいのかを述べることが、志望動機になります。

 こんな志望動機はNG！

自分のメリットばかり考えている

「有名だから」「安定していそうだから」など、自分のメリットばかり考えているような志望動機は、門前払いを食らう可能性が高いです。保育者という立場で、職場においてどのような働きができるかを考えましょう。

自治体や施設の説明そのままの内容

ホームページやリクルート資料を丸写ししたかのような志望動機では、面接官は不誠実に感じてしまうもの。それらの資料をもとにして、自分なりに考えたオリジナルの志望動機を話しましょう。

どの職業・職場にも通用する内容

他の職業や職場でも通用する内容の志望動機では、「ここで働きたい！」という意欲が伝わりません。保育者の仕事の特徴と、受験先の特徴、そして自分の個性の3つが合った志望動機を探しましょう。

志望動機の考え方

STEP1　どうして保育者になりたいのかを考える

他の職業ではなく、
保育者になろうとしている理由を考えよう。

- 他の仕事ではなく、どうして保育者になりたいのか
- 保育者として何がしたいのか
- 現在の保育状況にどのような貢献ができるか

> 保育者の仕事と、自己PR（P.88〜89）を照らし合わせて考えてみよう。

STEP2　採用先を選んだ理由を考える

たくさん存在する採用先のうちで、
なぜこの自治体・施設を選んだのかを考えよう。

- どうしてこの採用先を選んだのか
- 採用先のどこに魅力を感じたのか
- 採用先でどのような仕事がしたいか

> 採用先の保育理念・内容をよく調べ、他の採用先との違いを明確にしよう。

STEP3　採用先で自分をどのように活かせるかを考える

自分が採用先でどのような仕事や貢献ができるか、
下記の例を参考にまとめよう。

採用先の仕事への興味	採用先でめざしたい保育者像	採用先で実現・貢献できること
「私はピアノを習っていたので、この施設の音楽教育に興味があります」	「3ヶ月の乳児でも、保育できる保育者になりたいです」	「管理栄養士の資格があるので、やさしい食育指導をしたいです」

Column 5

先輩保育者の就活体験談⑤

Profile

E さん（32歳・男性）
東京都在住／私立学童施設に勤務

Q. 就職活動では何が一番大変でしたか?

営業マンだったのですが、将来性のある仕事がしたいと思い、保育士資格を取得しました。最初は就職先を保育所に絞っていたら、条件に合うところが見つからず、保育所以外の施設にも目を向けて探すことにしたんです。

Q. 面接でのエピソードを教えてください

営業マンとしての経歴を聞かれることが多かったですね。子どもの世界だけでなく、異業種を経験していることが強みになるのかもしれないと思い、取引先への対応の仕方を、保護者への対応に絡めて話しました。

Q. 就職活動を控えている人にアドバイスを!

保育に関係のない経験でも、面接のアピール材料にできます。これまでの経験をどうやって保育に活かしていくかを述べるには、自分のなりたい保育者像を思い描いてみるとよいですよ。それに近づけるように、自分の経験を交えてアピールしてみてください。

Chapter 6

頻出質問への
ベスト回答

～志望動機編～

面接試験では「どうしてこの自治体・施設を受験した
のか」という志望動機が必ず確認されます。どこの
自治体・施設でも通用するありきたりな内容ではな
く、その自治体・施設に絞った志望動機を述べるた
めのポイントを、ここで確認しておきましょう。

 Q.1 当自治体・施設の
志望理由を教えてください

 質問の
狙い！

どのような理由から自治体・施設を選んでいるか、さらに事前に自治体・施設の詳細について調べているかが確認されます。

NG な回答例

① ── 安定した収入を得ることができ、さらに土日祝日が必ず休みと聞きましたので、志望しました。また、こちらの地域は私の住んでいる家からとても近く、通勤も楽ですし、地域のこともよく知っているつもりですので、② 地域の特性を活かしながら保育ができると思っております。

ここを変えると印象アップ！

① 待遇や給与が選択の基準

 待遇や条件面のことばかり話されると、「ここよりも条件のよい施設があったら、転職してしまうのでは？」と思われてしまいます。

 待遇面よりも、仕事内容や事業内容に的を絞った志望動機が、好感度アップにつながる。

② 自己中心的・客観的ではない主張

 「家から近い」は自分勝手な都合では？「地域にくわしい」という客観的でないアピールも、よい印象はもたれません。

 自分にも採用側にもメリットになる点を考えることが、理想の志望動機への第一歩。

OKな回答例

① ── こちらの施設の子どもたちの自主性を活かした保育方針に魅力を感じました。② また、子育てしやすい環境として全国から注目を浴びているこの地域で、子どもたちの健康と自主性を育むために、保育者として力を注ぎたい、と思っております。

① 「この施設で働きたい」アピールがGood

施設の保育方針を事前に調べ、理解されていますね。ここで働きたいという情熱が感じられますし、好感ももてます。

② 地域への愛着・興味が志望につながっている

地域の子育て支援に興味があり、自分の意思でこの地域を就職先に選ぼうとしている熱意が強く伝わってきます。

本気度が伝わるステップアップ

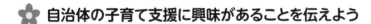

🌸 自治体の子育て支援に興味があることを伝えよう

自治体独自の子育て支援について、事前にチェックしておきましょう。面接時には自分の意見を交えて回答に入れることで、その地域で働きたいことを強くアピールできます。

🌸 実習などの経験談で説得力アップ

実習で経験したことを志望動機に加えると、保育者になりたい気持ちに説得力が加わります。こまめにメモをして、整理しておくとよいでしょう。

Q.2 なぜ保育士・幼稚園教諭に なろうと思ったのですか?

質問の狙い!

保育士・幼稚園教諭の仕事内容を具体的に理解しているか、職業に就いたあとも目標と希望をもって成長できるかがチェックされます。

NG な回答例

①

保育士不足が話題になっており、<u>就職に有利な資格</u>だと思って保育士資格を取得したため、それを活用した仕事に就きたいと考えています。また、サークルの先輩に保育士になった人がいて、子どもと一緒に成長できる楽しい仕事だと聞き、<u>おっちょこちょいな私でも続けられる仕事</u>だと思いました。

②

 ここを変えると印象アップ!

① 熱意がなく、自主性がない

保育士不足は事実ですが、「就職に有利」という理由で資格を取得しているようでは、保育者になることへの熱意が感じられません。

保育士・幼稚園教諭の仕事内容を調べ、その中で自分が興味をもてることが志望動機になる!

② 欠点が志望動機の中に含まれる

自分の欠点を認めることは大切ですが、志望動機に盛り込んでしまうと、あなたのマイナス面が強調されてしまいます。

欠点だけを話さず、努力して克服した話に切り替えれば、前向きさをアピールできる。

OKな回答例

幼い頃に通っていた保育所での、先生の指導が記憶に残っています。友達とケンカしたときでも、①頭ごなしには叱らず、ケンカにならない友達とのかかわり方を指導してくださいました。私もそのときの先生のように②正しい指導ができる保育者になりたいと思い、この仕事を希望しました。

① **実体験から
わかりやすく伝えよう**

志望動機にふさわしい具体的で印象的なエピソードですね。冷静に正しい指導をしたその先生のすばらしさだけでなく、指導に感銘したあなたの保育者としての適性も感じられます。

② **やる気と情熱を
仕事に絡めて話そう**

理想の保育者の姿を具体的に提示できれば、熱意や情熱も面接官にしっかり伝わります。しかも、子どもの心情を理解しようとする指導への覚悟はすばらしいと思います。

本気度が伝わるステップアップ

❀ 実習やボランティアのエピソードは好感度アップ

実習やボランティアなどで保育を体験したときに、「楽しかった」「こんな工夫をした」といった志望動機につながるエピソードがあったら加えてみましょう。

❀ 保育に携わるよろこびややりがいをプラス

保育はみなさんが考える以上に大変な仕事です。しかし大変な中にも、働くうえでのよろこびややりがいが必ずあります。あなたは保育の仕事のどんな部分に、達成感を覚えるか考えてみましょう。

Q.3 多忙な保育の現場の仕事に耐えられますか?

採用側の状況や求めている人材とあなたの意識にズレがないか、仕事上の困難を乗り越えられる覚悟があるかが問われます。

NG な回答例

保育の仕事が大変であることは承知していますが、<u>自分は長年スポーツをやっていたので、何となく大丈夫</u>だと思っています。 ① 保育の仕事が大変な原因は、<u>子どもたちがこちらの言うことを聞かないせいだ</u>と予想されますので、② 話を聞くように子どもたちを説得しようと思っています。

ここを変えると印象アップ!

① アピールの仕方があいまい

スポーツをやっていたことが、保育上の大変なことを乗り越えるのに、どのようなつながりがあるのかがわかりません。

→ アピールはどんな人にも伝わるように、具体的にわかりやすく話すことを心がけて。

② 決めつけ・責任転嫁はNG

保育の大変さを子どもたちのせいだと決めつけていますね。責任を転嫁するような物言いは社会人としてふさわしくありません。

→ 多忙な状況においても、冷静に正しい判断ができる自信をアピールしよう。

OKな回答例

　私は中学校時代から、剣道で厳しい練習に耐えてきました。肉体面だけでなく、「相手からは逃げない」という精神力も養ってまいりましたので、① 辛い仕事も乗り越えていけると思っています。もし困難にぶつかった場合には、先輩たちに相談して、自分勝手な判断はしないように心がけたいです。②

① **体験からの精神的な強さをアピール**

実際に困難を乗り越えたエピソードがあると、「忍耐力がある」と感じられます。厳しさに耐えられる人は、子どもの成長を長期間見守る必要のある保育者にぴったりです。

② **具体的なイメージから熱意を感じてもらおう**

困難にぶつかった場合の対処法を具体的にすることで、働くイメージをもっていることがわかります。自分勝手な判断を避けようとするところにも好感がもてます。

本気度が伝わるステップアップ

🌸 仕事の具体的な内容を調べておく

　保育の仕事の大変な部分を、インターネットや先輩保育者の話からあらかじめ調べておきましょう。子どもとの関係や、保護者への応対など、それぞれの仕事内容の大変さに対応できることをアピールできます。

🌸 サークル活動などでの困難を乗り越えたエピソードもOK

　サークル活動やアルバイトをしている中で、問題が起こったときにどのように乗り越えたかを伝えると、人間性の評価につながります。

Q.4 あなたのどんな点が
保育者に向いていますか?

他の職種ではなく、保育士・幼稚園教諭になることを
選んだ理由と、あなたの保育士・幼稚園教諭としての
適性が確認されます。

NG な回答例

　私は年下のきょうだいが多かったので、子どもと遊ぶのは得意ですし、子ど ①
もを好きなところが保育者に向いていると思っています。しかし、手遊びや ②
読み聞かせなどの室内遊びは苦手なので、多くの子どもが好む外遊びを
たくさんさせるようにしたいです。

ここを変えると印象アップ!

① 「子ども好き」以外に志望理由がない

　「子どもが好き」は、確かに保育
者には大事な点です。しかしそれ
だけでは、志望動機としては不十
分です。

　保育者にとって「子ど
も好き」は大前提。そ
れ以外の伝わりやすい
志望理由を考えよう。

② 苦手を克服する様子がない

　室内遊びは子どもの心を育む大
切なものです。それをないがしろ
にしたり、苦手なものを克服する
気がないような表現はNGです。

　苦手な保育実技がある
場合は、苦手を克服す
る意志や、努力してい
る姿を見せよう。

OKな回答例

　以前より、年下の子どもと遊ぶときには、彼らの目線に合わせて話すことを心がけていました。するとみんなが私と遊ぶと楽しいとよろこんでくれるので、自分が保育の仕事に向いていると感じました。また、私はピアノが得意なので、歌やリズム遊びで子どもたちの感性を育てたいです。②

① 体験から保育者の
適性をアピール

実際に子どもとかかわったエピソードと、子どものよろこびの声が一緒に語られることで、保育者としての適性がある人だと判断できます。

② 得意な保育技能を
積極的に伝えよう

ピアノは保育士・幼稚園教諭にとって、大切な技能のひとつです。みんなで楽しく過ごす時間を、率先してつくってくれそうな可能性を感じます。

本気度 が伝わるステップアップ

✿ 協調性を保育者の適性としてアピール

　保育は職員全員で力を合わせておこなうものです。協調性をアピールすれば、複数人でうまく仕事ができることが認められます。

✿ 家族や友人に適性をチェックしてもらおう

　自分のどの部分が保育者に向いているかを、家族や友人などにチェックしてもらいましょう。「子どもへのやさしい態度」「忍耐強さ」「協調性」などの保育者に必要な適性が備わっているかを、客観的に見てもらうとよいでしょう。

Q.5 何歳児を担当して みたいですか?

質問の狙い!

各月齢・年齢の子どもたちの特徴や傾向を理解したうえで、自分の実力がつかめているか、実際に保育者として働くイメージができているかが確認されます。

NG な回答例

　私はできれば6歳児を担当したいと思っています。①6歳児ぐらいだと言葉も通じるし、保育が楽なのではないかと思うからです。反対に0歳児や1歳児は、面倒を見なければいけないことが多そうですし、②小さな子どもを世話するには不安があるので、できれば担当になることは避けたいです。

ここを変えると印象アップ!

① 自己流の決めつけで判断している

6歳児の「保育が楽」という考えは、決めつけでしかありません。それぞれの年代の子どもには、それなりの保育の大変さがあります。

どんな月齢・年齢の子どもでも担当することを前提に、保育に対する心構えを表そう。

② 子どもをより好みするような発言

特定の年齢の子どもの保育を避けたいと発言するのは、乳幼児を幅広く保育すべき者として、ふさわしくありません。

それぞれの年齢の子どもの特性を勉強し、保育者として対応できるようになろう。

OKな回答例

① —— どの年齢のお子さんでも、学んできた保育技術と知識を活用し、保育したいと考えております。しいて言えば、3歳児の保育に興味があります。第一次反抗期の大変な時期ではありますが、子どもが急速に成長する姿を見守りつつ、育児に悩む保護者の支えにもなりたいです。 ②

① **どんな年齢でも保育する 覚悟を見せよう**

どの年齢でも保育したいという部分に、保育者になる覚悟が感じられます。これまで学んできたことを基礎にして、しっかりと保育に励んでくれそうで心強いです。

② **成長したい気持ちを はっきり示そう**

あえて大変な時期の子どもの担当を希望することで、保育者の仕事への意欲が見えます。子どもだけでなく、保護者の気持ちを考えているのもよいですね。

本気度が伝わるステップアップ

🌸 保育に自信がある年齢があるなら、しっかりアピール

実習などを通して、保育に自信をもっている子どもの年齢層があるなら、アピールしてもかまいません。ただしその理由として、わかりやすいエピソードを付け加えることを忘れずに。

🌸 実習での成功・失敗例を出してみるのもOK

実習で特定の年齢の子どもの保育で失敗したことがあったなら、その理由と、次はこうしたいという提案をして、前向きな姿勢を見せましょう。

Q.6 待機児童の問題について、どう思いますか?

質問の狙い!

待機児童という大きな問題に関心をもって、正しい認識で問題をとらえているか、待機児童問題への考え方に偏りがないかがチェックされます。

NG な回答例

　全国的に待機児童は減少していますが、特に都市部ではまだ保育所が足りないので待機児童が多いです。これは、<u>保育所を増やす政府の努力が足りないからだと思っています。</u>①　また、保育士不足も待機児童問題の一因ですが、②それは<u>保育士の給与が安過ぎるせいだと思うので、給与を上げてほしいです。</u>

ここを変えると印象アップ!

① 具体的な対策が提案できない

「政府の努力不足」と決めつけるだけで、具体的な対策にまで話を進められていませんね。独自の意見を述べる積極性が見られません。

待機児童問題について、自分で考えた意見を用意し、説明できるようにしておこう。

② 給与の問題を話題にしてしまう

保育士の給与の問題を取り上げられると、当施設の給与にも問題があるように考えているのではないかと思ってしまいます。

待機児童問題を広い視野でとらえ、社会のしくみを変えることを考えてみよう。

OKな回答例

① ── 国の「子ども・子育て支援新制度」や「子育て安心プラン」の取り組みにより、全国的には待機児童は減少しています。しかしながら都市部、特に東京都ではまだ〇人もの待機児童がいるのが現状です。行政だけではなく、企業が子育て中の従業員のための保育施設を整備する、保育士の養成に協力するなどの努力が必要になってくると思います。② ──

① 待機児童問題の実状を 正しくつかもう	② 待機児童解消について 自分の意見をもとう
待機児童が都市部に集中していることを調べて理解していることがうかがえます。社会情勢を正しくとらえており、保育の現状にもくわしい人材だと判断できます。	新聞やニュースなどの報道の内容ではなく、自分なりの意見が客観的に述べられています。待機児童問題を真剣に考えている姿勢に、好感がもてます。

本気度が伝わるステップアップ

🌸 待機児童問題の解消に成功している自治体をチェック

横浜市、千葉市、川崎市など、これまで待機児童の解消に成功した自治体が、どのような対策をおこなったのかを調べておきましょう。

🌸 実際に保護者などから聞いたエピソードを入れてみる

待機児童問題で実際に困っている保護者の意見は、採用側にとっても大事な意見になります。それをもとに、どのような対策をとるべきかを考え、自分なりの意見をまとめて発言できるようにしましょう。

Q.7 今後、保育教諭を めざすつもりはありますか?

質問の狙い! 今後さらに進んでいく幼保一元化の流れに対応できる柔軟性をもっている人材であるか、また、すでに保育教諭として働けるかどうかが問われます。

NG な回答例

① 私は幼稚園教諭免許しか取得していませんが、何か問題があるのでしょうか? 保育教諭になったほうが給与などの面でメリットがあるならば、ぜひ保育士の資格も取得し、保育教諭になりたいと思います。その際には、保育士の資格を取るために金銭的な補助をしてほしいです。

②

✿ ここを変えると印象アップ!

① 資格・免許取得をメリット優先で考えている

こちらの質問に反発心が見えますね。また、メリットだけで資格取得を考えているような発言は、保育者として好ましくありません。

資格・免許取得は、保育社会全般にかかわり、尽力するために必要なものだと考えよう。

② 資格・免許取得に金銭的な援助を求める

資格・免許取得に対して補助をおこなうかどうかは、こちらが決めることです。それを採用前から求められても困ってしまいます。

資格・免許取得は他人任せにせず、自分の意志で取得し、活用することを主張しよう。

OKな回答例

幼保一元化の流れにともない、これからの保育者には、保育士と幼稚園教諭のどちらの役目も求められる場面が増えるのではないかと考えています。そのため、現在の特例措置の実施期間内に幼稚園教諭免許を取得して、早めに保育教諭をめざしたいと考えております。

① 保育教諭が求められる 現状を把握している

今後は保育士と幼稚園教諭の垣根を越えた保育が求められています。その現状を把握し、自分の意見が述べられています。

② 特例措置期間内に 取得をめざそう

特例措置の期間内に、両方の資格・免許を取得することが理想的です。保育教諭になるための意志が明確に伝わります。

本気度が伝わるステップアップ

🌸 すでに保育教諭の資格がある場合はアピールできる

保育士資格と幼稚園教諭免許の両方を取得している場合は、保育教諭として働けることをしっかりアピールしましょう。

🌸 資格取得が不可能な場合は、その理由と取得の意志を伝えよう

何らかの問題があって、もう一方の資格取得ができない場合は、その理由を素直に話しましょう。また問題が解消されたら必ず資格を取得する旨を伝えれば、意欲と向上心がうかがえ好感がもてます。

Q.8 幼保一元化について、どう思いますか?

質問の狙い! 幼保一元化について正しい理解ができているか、また幼保一元化の政策の現状について、自分なりに考えて明確な意見をもっているかが確認されます。

NG な回答例

幼保一元化は、<u>私は望ましくないものだと考えています。形態が異なる保育を同じ場所でおこなうことには、無理があると思うからです。</u>また、私は幼稚園教諭を志望しており、<u>0〜3歳児の小さな子どもを保育する自信がないので、幼保一元化が進むと困ってしまいます。</u>

ここを変えると印象アップ!

① 幼保一元化をネガティブにとらえている

幼保一元化で、待機児童などの問題が解消されると期待されています。批判的にとらえていては、保育業界で働くことは困難です。

幼保一元化の方針をよく調べたうえで、ポジティブにとらえるようにしよう。

② 苦手なことを克服しようとしない

苦手だからといって、それを克服する姿勢を見せずに批判ばかりしていては、保育者としての心構えを疑ってしまいます。

苦手なことを乗り越えて現状に合わせようとする、保育者としての姿勢を見せよう。

OKな回答例

　待機児童などの問題を解決するには、<u>幼保一元化は理想的な流れだと考</u>えております。しかし、幼稚園と保育所がそれぞれもう一方の役割も兼ねるまでには、もう少し時間がかかると思います。私は<u>幼稚園教諭と保育士、両方の資格を取得しておりますので、認定こども園制度にも対応できます。</u>

① ──→

② ──→

---

① 幼保一元化を正しく理解・把握しよう

幼保一元化の必然的な流れを正しく理解していますね。また、その流れの幅広い普及に時間がかかる可能性も考えて、冷静に判断できています。

② 保育教諭であることを積極的にアピール

幼保一元化の流れに、自分自身でも対応しようとする向上心がすばらしいです。これから大きく変化する保育現場にふさわしい人柄であることが感じられます。

本気度 が伝わるステップアップ

🌸 社会の一員として、幼保一元化をとらえよう

　保育者になる第一歩として、幼保一元化がどのような考えのもとで打ち出され、保育の諸問題をどのように解消していくかを考えてみましょう。

🌸 採用先の幼保一元化への取り組みをチェック

　採用先が幼保一元化に向けて、どのような取り組みをしているかを確認しておきましょう。特に幼保一元化を実施している認定こども園では、どのような経緯で施設の設立に至ったのかをまとめ、面接に備えましょう。

Q.9 どのような保育を心がけたいですか?

質問の狙い!

自治体・施設で働く意欲と、実際に働くうえでの目標や目的がはっきりしているかを確認し、採用するのにふさわしい人材かが見極められます。

NG な回答例

① こちらに保育のマニュアルがあるのであれば、それに沿った保育をしたいと思っています。また、② 子どもたちの性別や年齢、生活環境などの区別なく、みんなに平等で、子どもにも保護者にもよろこんでもらえるような保育をしたいと考えています。

ここを変えると印象アップ!

① 採用先に働き方を任せるような発言

こちらの意向に沿って保育をしてもらいたいという前提はありますが、すべてを委ねられては、自主性が感じられません。

実習などで見えてきた、自分なりの「やりたい・めざしたい保育」を明確に示そう。

② どの施設でも通用する内容

発言自体に問題はありませんが、内容が無難すぎます。どこでもできることを述べられては、ここで働く意味がわかりません。

「ここでしかできない」「ここで働きたいからこそ」の保育を提案しよう。

OKな回答例

こちらでは音楽教育に力を入れているとうかがいました。<u>私はピアノを習っておりましたので、子どもたちに音楽の楽しさを伝えられる保育をしたい</u>①と思っております。また日常の保育では、<u>子どもたちのすこやかな成長の場をつくりながら、子どもたちの意志を尊重した保育を心がけたい</u>②です。

① **採用先と自分の特技をマッチングさせよう**

② **一般的な意見でも、真摯に考えれば好印象**

音楽教育のことを事前に調べており、当施設に就職したいという熱心さが感じられます。また、自分の得意なことを活かそうとする姿勢もよいです。

一般的な意見でありながらも、子どもに何が大切なのかを考えて、保育をしようとしていることが伝わってきます。真摯な態度が見えるよい意見です。

本気度が伝わるステップアップ

🌸 実習での体験にもとづいたエピソードを盛り込む

実習体験から、子どもによろこばれた保育や、改善したい保育の問題点などの気づきを説明し、それを活かして保育をしたいことを伝えましょう。

🌸 採用先で取り組んでいないことを提案してみよう

スポーツや音楽、絵画など、自分の得意な保育技能で、採用先が取り組んでいないものはないか考えてみましょう。自分が率先して、新しい技能を保育に導入できることは、強いアピールになります。

Q.10 他に就職試験を受けている ところはありますか?

質問の狙い!

就職活動の状況を聞き、自治体や施設の選択にブレがないかのチェックと、実際に内定を出したら、本当に就職してくれるかを確認します。

NGな回答例

とにかく保育士として働きたく、就職先は保育所を希望しておりますので、①採用情報が出ている保育所の採用試験を特に選択せずに受けています。しかし、もしこちらで採用していただけるなら、他の保育所の内定は断るつもりです。ですので、②早めにこちらで内定をいただけるとうれしいです。

ここを変えると印象アップ!

① 就職先の探し方が無造作

就職先を何の基準もなく選んでいるのは、保育にポリシーがないように思えます。当施設の面接を受けた理由もはっきりしません。

選考状況を素直に伝えつつ、絶対にこの施設に就職したいことをアピールしよう。

② 採用側の都合を考えない主張

内定のスケジュールは、面接の時点で変えられるものではありません。自分勝手な主張は、マイナスのイメージしか感じられません。

控えめな態度を保って、この施設への志望度が高いことをアピールしよう。

OKな回答例

　はい。申し訳ございませんが、他にも魅力を感じる施設がありましたので、採用試験を受けております。しかし、こちらの施設の子どもの心理を大切にする保育システムは、他の施設にはないと感じておりますので、自分の成長のためにも、こちらで働かせていただきたいと思っております。

① 自分に合った就職先を選んでいることが伝わる

② 施設の個性を調べて働く意欲をアピール

他の採用試験を受けていることを素直に告白してくれていて好感がもてます。業界研究をして、魅力を感じた施設の採用試験を受けていることもわかります。

他の施設にはない部分を正しく調べたうえで、当施設を選んでくれているのがうれしいですね。当施設で働くことへの情熱も感じられます。

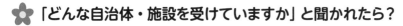

本気度が伝わるステップアップ

🌸「どんな自治体・施設を受けていますか」と聞かれたら？

　保育方針が似ている自治体・施設の名前を挙げるようにしましょう。むやみに採用試験を受けているのではなく、保育方針で採用先を選んでいることが伝わります。

🌸「他の採用先から内定をもらえたらどうしますか」と聞かれたら？

　もし他の採用先が第一志望だったとしても、すぐに返事はせずに、「一度じっくり考えます」と答えるのがベストです。

Q.11 前職の退職理由について教えてください

質問の狙い! 保育の経験がどのくらいあるのか、また、退職の理由が自分勝手なものだったり、トラブル絡みであるなど、採用のネックになるものではないかが確認されます。

NGな回答例

今年の3月まで○○保育所で働いていました。子どもとの関係は良好だったのですが、①保護者との言葉の行き違いなどに疲れて、退職しました。また、かなり多くの子どもの担当をしていたため、負担が大きかったのです。そんな②保育所の方針にも反発を覚えたため、退職を選びました。

ここを変えると印象アップ！

① 自分の保育技能のなさを認める発言

保護者との関係を築くことは、保育者の大切な技能のひとつです。それができなかった発言は、優秀な保育者とは考えにくいです。

→ グチや批判的な理由は避けて、前向きでわかりやすい転職理由を用意しておこう。

② 前職の勤務先を批判する

保育所に反発を感じて退職したならば、私どもで採用しても、気になることがあったらすぐに退職しそうな印象を受けます。

→ 前職ではできなかったことを、採用先では実現しようと考えているアピールをしよう。

OKな回答例

① 以前の保育所では3歳児までの保育を担当しておりましたが、他の年齢の子どもを担当したいと思い、転職を決意しました。3歳児までの保育で培った子どもとの信頼関係のつくり方を、幅広い年齢の子どもを預かるこちらの保育所で活かしたいと考えております。 ②

① 前向きで向上心のある
理由を伝えよう

保育者としての自分の幅を広げたいための、退職であったことがわかります。前職で何か問題を起こしたなどの、後ろめたいイメージも感じません。

② 前職での経験を
活かす説明をしよう

前職での経験を当施設で活用し、子どもたちのためによい保育を実践してくれそうです。保育者として成長するための転職であることが伝わってきます。

本気度が伝わるステップアップ

🌸 不本意な退職だった場合は？

倒産やリストラなどが理由の、あなたにとって不本意な退職であった場合でも、その理由はあまり強調せずに、「大変なことを乗り越えて、新しい職場でがんばりたい」という気持ちを前面に打ち出しましょう。

🌸 転職経験が多い場合は？

「雇ってもすぐに辞めてしまいそう」と思われないためにも、採用先で実現したいことや、これまでの経験で活かしたいことをアピールしましょう。

Column

6

社会人基礎力を身につけよう

経済産業省は2006（平成18）年より、「社会人基礎力」（www.meti.go.jp/policy/kisoryoku/）を提唱しています。これは「職場や地域社会で多様な人々と仕事をしていくために必要な基礎的な力」をまとめたもので、保育者が社会人として働くうえで大切なポイントも含まれています。また、「社会人基礎力」の内容からは、採用側が受験者に求める資質もわかるので、自己PRを考えるときに活用してみましょう。

「社会人基礎力」3つの能力と12の能力要素

前に踏み出す力（アクション）
- **主体性**…物事に進んで取り組む力
- **働きかけ力**…他人に働きかけ巻き込む力
- **実行力**…目的を設定し確実に行動する力

考え抜く力（シンキング）
- **課題発見力**…現状を分析し目的や課題を明らかにする力
- **計画力**…課題に向けたプロセスを明らかにし準備する力
- **創造力**…新しい価値を生み出す力

チームで働く力（チームワーク）
- **発信力**…自分の意見をわかりやすく伝える力
- **傾聴力**…相手の意見を丁寧に聴く力
- **柔軟性**…意見の違いや立場の違いを理解する力
- **情報把握力**…自分と周囲の人々や物事との関係性を理解する力
- **規律性**…社会のルールや人との約束を守る力
- **ストレスコントロール力**…ストレスの発生源に対応する力

Chapter 7

頻出質問への
ベスト回答
〜体験・自己PR編〜

面接試験で自己PRやこれまでの体験を話すことは、
受験者がどのような人物であるかを、面接官が知る
きっかけになります。背伸びをせずに等身大の自分を
わかりやすく説明する具体例を確認して、自分なりの
アピール方法を見つけてみましょう。

Q.12 保育者として適性があると
思う根拠は何ですか？

自分の性格を分析したうえで保育士・幼稚園教諭に
向いている部分に気づき、それをどう活かそうとして
いるかが問われます。

NG な回答例

① 保育士の資格を取得しているのはもちろん、保育実習もしっかりとやって
きましたので、保育士に向いていると思っています。また、子どもと遊ぶこと
が好きなので、子どもにかかわる仕事である保育士は、他の職業よりも自
分に向いていると思いますので、保育士として働きたいです。 ②

ここを変えると印象アップ！

① 資格と保育実習を判断材料にしている

資格や免許、保育実習は、保育
者になるために必要なもので、仕
事の適性を判断するための材料
にはなりません。

→ 自分の性格や行動パ
ターンをしっかり分析
して、向き不向きを判
断しよう。

② 子どもとのかかわりだけに絞っている

保育者の業務は、子どもとかか
わることだけではありません。同
僚や上司、保護者とどのように
かかわれるかがあいまいです。

→ 子どもや保護者、仕事
仲間とのかかわりにお
いて、保育者としての
適性を考えよう。

OKな回答例

　私が人間関係を大切だと考えているからです。アルバイトでリーダーをして①
いたときには、仲間の話をじっくり聞き、時間をかけてよい関係を築くよう心
がけていました。こちらの施設でも、子どもや保護者とよい関係をつくり、②
信頼ある保育者と認められるようになりたいと思っております。

① 集団でのエピソードは
　説得力がアップ

② 個性を活かして働く
　意欲を宣言

自分の性格で、保育者とし
て活かせる部分が理解でき
ていますね。アルバイトの
エピソードからも、人間関
係を大切にしていることが
伝わってきます。

保育者に向いている部分を、
当施設で活用したいと宣言
してもらえると、働く意欲や
保育者となる覚悟がはっき
りと伝わり、よい人材であ
ることが判断できます。

本気度が伝わるステップアップ

🌸 適性は最初にズバッと一言で！

　「適性は?」と聞かれているので、最初に一言で「○○なところです」と簡潔に
答えましょう。そのあとで具体的なエピソードなどを付け加えて説明すると、わ
かりやすくなります。

🌸 どんな些細なことでもOK

　「いつも笑顔でいられる」など、些細なことでも保育士や幼稚園教諭に向いて
いる特徴になります。それをどうやって保育の仕事に活かすかを考えましょう。

Q.13 学生時代で心に残っている エピソードを教えてください

質問の狙い！ 学生時代にどんなことに打ち込み、どんな経験をしたのかが聞かれます。説明する際の言葉遣いや話のまとめ方・スムーズさ、説明力なども確認されます。

NG な回答例

塾で小学生に勉強を教えるアルバイトをしていたのですが、①子どもに質問されたことに答えられず、「こんなこともわからないの?」と言われてしまったことです。②とてもショックで、「自分は今まで何を勉強してきたのだろう」と反省し、数日間食欲もなくなるほど落ち込んでしまいました。

ここを変えると印象アップ！

① 子どもに不評を買った話題

保育者は子どもとかかわる仕事です。子どもに不評を買うようでは、保育者に不向きな人材であると判断してしまいます。

子どもとかかわったエピソードは、成功体験などの明るい内容を選ぼう。

② 失敗談として終わってしまうエピソード

ショックなのはよくわかりますが、そこから何か得たことはなかったのでしょうか? その後の努力が知りたいです。

失敗談は、その後に失敗を乗り越えたエピソードをつけて、努力した姿を見せよう。

OKな回答例

サークルでイベントを企画したら、参加者があまり集まらずにショックでした。① 仲間の話では「イベントの内容がわからない」という意見が多く、イベントの内容をはっきり伝えるチラシを作成したら、参加者が増えたのです。それが、② 仲間の話を聞くことの大切さを知る体験として心に残っています。

① 他人の意見にも賛同
できることをアピール

② 反省を活かして
成功へと導く力を強調

他の人の意見を取り入れる柔軟性があり、仲間で協力し合える人物であることがわかります。仕事仲間と協力し合って保育が実践できる人だと期待できます。

ショックな出来事が、みんなの意見を聞いたことで成功談として変化していますね。問題解決に動く体験は、行動力のアピールにもなります。

本気度が伝わるステップアップ

成功談の場合は、「周りのおかげ」を忘れずに

成功談を話すときは、決して自分だけの力ではなく、周りのサポートがあったからこその成功であることを強調しましょう。独りよがりな自慢話になってはいけません。

どんな話題でも起承転結を意識する

エピソードはただダラダラと話すのではなく、起承転結を意識してまとめ、抑揚をつけるなど、話し方にも工夫をしましょう。

質問の狙い!

Q.14 友人の数は多いですか?

友人をどのような存在と考えているのか、どんなタイプの人と友人になり、また、関係性をどのようにつくり上げているのかがチェックされます。

NGな回答例

① ——私はあまり友人がいません。もともと人付き合いが苦手なこともありますが、② 保育者になるという目標に向かって進むためには、人に頼らず、一人でがんばらなくてはいけないと感じていたからです。友人と過ごす時間を削った分だけ、学校の勉強や保育者になるための努力をしてきたつもりです。

ここを変えると印象アップ!

① 友人が少ないことを述べてしまう

友人が少ないことが欠点であるとはいえませんが、それだけをアピールしては、人間関係を築くのが苦手なのだろうと感じてしまいます。

友人の数ではなく、どのように友人関係を築いているのかを説明しよう。

② 孤独なタイプであることが伝わる

目標に向かってがんばってきたことは評価しますが、人に頼らないということは、人にも頼られない、孤独な人であるように思ってしまいます。

友人との関係を通して、仕事仲間と協力し合って保育の仕事ができることを伝えよう。

OK な回答例

① 友人はあまり多くはありませんが、仲間同士で助け合える関係を築くことはできます。学校内の友人には保育者をめざしている人が多く、実習先での体験談を話し合って情報交換をおこなったり、実習での悩みを互いに相談して、支え合うようにしています。②

① 友人の数ではなく、関係性をアピール

友人を数の多さではなく、関係性でとらえている点がいいですね。少人数の信頼のおける友人たちと、しっかりとした人間関係を築いた自信が見えます。

② 友人とのエピソードは互いを支え合うものを

具体的なエピソードからは、互いに支え合っている姿が見えます。保育者となってからも、職場の仲間と協力して仕事をしてくれそうです。

本気度が伝わるステップアップ

❀ 友人の数を述べるなら、その理由を明確に

「どうして友人の数が多い（少ない）のか」と聞かれることもあるので、その理由を考えておきましょう。「他の学校との交流が多いので、友人が多い」「少人数でも、信頼できる仲間」など、明確な理由づけが必要です。

❀ ネット上の友人の話は避ける

SNSなど、インターネット上だけで関係のある友人の話は理解されないことがあるので、実際にいつも顔を合わせている友人の話にしぼりましょう。

Q.15 保育実習では、どのような経験をしましたか?

質問の狙い! 実習で実際に保育現場で働いたことで、何を感じたのか、さらに、保育者になるために残された課題を把握し、どのように克服していくのかが確認されます。

NG な回答例

① 実習では、保育の仕方について先輩に注意されることもありましたが、あまり気にすることなく、自由に働くことができて楽しかったです。特に子どもたちと遊ぶことが楽しく、実習を終えたくないほどでした。これなら実際に保育所に就職しても、保育者としてやっていけると自信がつきました。 ②

ここを変えると印象アップ!

① 先輩の注意を気にしない態度

先輩の注意を受け流す態度はいけませんね。素直に意見を聞き、どのように行動することが正しかったのか考えてほしいです。

先輩からの注意やアドバイスは素直に聞き、実際の保育に役立てる気持ちを見せよう。

② 根拠のない自信がある

根拠のない自信だけでは、保育者としてやっていくことはできません。なぜ自信がついたのか、それをはっきりと伝えましょう。

自信のあることを話すときは、それが身についた理由を加えれば説得力がアップする。

OK な回答例

実習で子どもたちの安全を考えて活動的な保育を避けていたら、<u>先輩の保育者から「安全と危険の見極めは子どもたちの表情で判断を」とアドバイスを受けました。</u>そこで子どもたちを見守りつつ、マット運動をやってみたところ、子どもたちもよろこび、<u>私自身も安全管理の感覚を身につけることができました。</u>

② ─────────

① 先輩のアドバイスからの改善エピソードを話そう

② 実習での成長がアピールのカギ

先輩のアドバイスを吸収して、自分で次のアクションを起こせていることに好感がもてます。その結果、子どもたちの満足にもつながっていますね。

自分を謙虚に見つめたうえで、先輩のアドバイスによってしっかりと成長できていますね。保育者としてさらに成長していくポテンシャルを感じます。

本気度 が伝わるステップアップ

🌼 失敗談は、その後の改善と一緒に話そう

実習での失敗談は、その後にどのように改善したのか、どのように考え直したのかを加えて話すことで、面接官の印象に残るエピソードになります。失敗を恥ずかしがらずに話してみましょう。

🌼 「自分はすごい！」という話はほどほどに

実習では、学生はまだ本当の保育者ではありません。実習での成功体験は、「自分はまだまだ未熟」という気持ちを忘れず、謙虚に話すようにしましょう。

Q.16 実習ではどのような指導を受けましたか?

質問の狙い!

実習での指導を受け止める素直さ・柔軟さがあるか、また、実習での体験を今後の保育に活かす気持ちがあるかが確認されます。

NG な回答例

　先輩の保育者から「子どもの言いなりにならないように」と指導されたの①で、子どもたちの言うことに従わない「怖い先生」を心がけました。また、実習の記録の提出については、締め切りについて何も指導がなかったの②で、ゆっくりと時間をかけて作成し、提出していました。

🌸 ここを変えると印象アップ!

① 子どもに威圧的に接してしまう

子どもの言いなりにならないことは、怖さを見せることではなく、子どもが自主的に動くように指導することを指します。

子どもと対等な関係を築き、自主性を尊重した保育を実践する意欲をみせよう。

② 大切なことを自分勝手に判断している

締め切りがわからなければ、自分から質問するべきです。自分勝手な判断は、実習はもちろん、実際の仕事でも厳禁です。

わからないことを自己判断せず、上司や先輩に聞くのは社会人としての常識です。

OKな回答例

子どもと目線を合わせて話すように指導されたので、必ずしゃがんで話をするようにしていたら、子どもの表情から言葉以上の気持ちが伝わってくることに気がつきました。実際に保育者として働く際には、子どもの些細な行動にも気をつけて、小さな変化や成長を見逃さないようにしたいです。

① 指導に従いながら、自主的に実習をする

実習での指導に素直に従い、「子どもと目線を合わせて話す」ことの大切な意義をつかめていますね。自主的に実習をしていたことが伝わってきます。

② 実習での経験と反省を現場でどう活かすか

実習での体験を、これからの保育者としての実践に活かそうとする意気込みが見えます。さらに子ども主体の保育をめざしているところにも好感がもてます。

本気度が伝わるステップアップ

🌸 失敗談は改善策と一緒に話そう

実習での失敗談を話す場合は、失敗した内容だけを話すのではなく、それをどのように改善したか、または今後の保育でどのように見直していくかを述べることが大切です。

🌸 子どもによろこばれたことは、素直にアピール

子どもによろこばれた遊びなどがあったら、わかりやすいエピソードと一緒に話すことで、子どもに好かれるタイプであることをアピールできます。

Q.17 あなたがめざしている 保育士・幼稚園教諭像は?

質問の狙い!

目標をしっかりともって保育者になろうとしているか、保育士・幼稚園教諭がどのような仕事をするべきかを正しくとらえているかが確認されます。

NGな回答例

① 子どもと楽しく毎日を過ごし、保護者にも信頼されるような保育者になりたいと考えております。② 最近はモンスターペアレントからのクレームへの対応など、大変な仕事も多いと聞いておりますが、私は困難を乗り越えていける自信がありますので、どんなことにも対処できる保育者になりたいです。

ここを変えると印象アップ!

① 一般的な目標を話してしまう

これは保育者の一般的な目標だと思います。当施設でどのような保育をしたいか、自分なりの目標をもっているかが知りたいです。

自分で考えた目標を、採用先でどのように実現するかを明確に伝えよう。

② 保護者を悪者にするような発言

保護者への対応は、とても大変ではありますが大切な業務のひとつ。それを「困難」と決めつけるのは短絡的な考え方です。

目標の中では、誰かを悪者にするような文言は避け、ポジティブな理想を増やしていこう。

OKな回答例

① 子どもたちの安全と健康を守りながら、心の豊かさを育てられる保育者になりたいです。こちらの施設で力を入れている造形教育の場面でも、②子どもたちの独創的な製作を見守りつつ、はさみやカッターなどの使い方や安全面にも気を配れる保育者になりたいです。

① 目標は明確にし、情熱をこめて伝える	② 採用先の理念を調べ、目標と一致させる
簡潔な言葉の中に強い意志を感じます。子どもの教育だけでなく、安全や健康といった保育の根本に目を向けていることにも好感がもてます。	当施設の理念が事前にしっかり調べられていて好感がもてます。私どもの環境で、子どもたちとともに自分も成長しようという気持ちが伝わってきます。

本気度が伝わるステップアップ

✿ 実際の保育者を例に出してみよう

　小さい頃に憧れていた保育者など具体的な例を出し、目標を話してみましょう。あなたの目標が面接官にわかりやすく伝わります。

✿ 目標は大きくてもOK！

　「こんな大きな目標を言っても大丈夫かな?」と考える必要はありません。目標が大きくても、それを実現するための過程をしっかりと考えているのであれば、面接官に話してみましょう。

質問の
狙い！

Q.18 最近、どのような本を読みましたか？

どのような本を読んでいるのか、また、本をどのような観点から選んでいるのかを聞くことで、その人の趣味嗜好、人間性などを確認します。

NGな回答例

　　最近読んだのは、『嫌われる勇気』です。この本は<u>アドラー心理学につ</u> ①
いて書かれており、世間の目や意見を気にせず、自分がどう考えてどうしたいかを大切にすべきであることが説明されています。すばらしい本でしたが、<u>私</u>
② <u>は人の意見に流されやすいタイプなので、あまり参考になりませんでした。</u>

ここを変えると印象アップ！

① 本の内容の説明をしてしまう

本の内容の説明を長々と話されても、なぜこの本を読もうと思ったのか、読み終わったあとの気持ちの変化などは伝わってきません。

→

本の内容ではなく、本を選んだ理由や、本を読んで感じたこと・考えたことを話そう。

② 本に対するネガティブな感想

現在の自分には参考にならないとしても、内容の心に響く部分を素直に認め、これからの生き方にどう活かすかを述べてほしいです。

→

本の中でもっとも感動した部分の感想を述べることで、あなたの人柄をアピールできる。

OKな回答例

　『嫌われる勇気』を読みました。<u>私は人の目を気にして、自分のやりたいこととを後回しにしてしまうのですが、この本では、まず自分がどうしたいのかを考えるべきだと述べられていました。</u>後悔のない生き方をするには、自分の軸をしっかりともつべきだということが、よくわかる本でした。

① 参考になった部分と
　本の内容を伝える

② 読書で身につけた
　知識を強調する

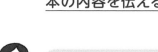

読書によって反省すべき点を自覚しつつ、改善する気持ちが見えます。自分に合った本が選べており、内容もわかりやすくまとめられています。

読書から知識がしっかりと身についていますね。「自分もこうなりたい」という意志を明確に示しているので、読書によるプラスの面が強調されています。

本気度が伝わるステップアップ

🌸 難しいビジネス書などを選ばなくてもOK

　このような質問の対策として、ビジネス書などの難しい本を読んでおく必要はありません。小説やエッセイなどの読みやすいものでかまいませんので、興味のある本をしっかり読み、そこから得た知識や感動を伝えるようにしましょう。

🌸 影響を受けた本を選ぼう

　どの本を紹介するか迷った場合は、自分が本当に影響を受けたものを選ぶようにしましょう。心からの感想は、面接官にも真摯なものとして伝わります。

7
頻出質問へのベスト回答〜体験・自己PR編〜

Q.19 団体行動でどのような役割になることが多いですか?

質問の狙い!

自分に向いている役割をはっきりと認識して行動できているか、また、団体活動経験の有無を確認し、協調性があるかどうかが問われます。

NG な回答例

① 団体行動は苦手なので、団体の中にいるときはなるべく目立たないようにしています。誰かにやるべきことを依頼されたら動き出せるタイプなのですが、② 保育者になったらリーダー役にチャレンジして、これまでの自分と違うところを見せたいです。

ここを変えると印象アップ!

① 団体行動が苦手だと告白してしまう

団体行動が苦手なのに、職員と力を合わせて保育ができるのでしょうか。目立たないのではなく、仲間に入ろうとしないだけでは?

団体行動が苦手でも、苦手を克服したり、小さなグループでの活動などに目を向けよう。

② リーダーになりたい理由が不適切

リーダーに名乗りを上げるのは積極的でよいことですが、それが保育のためではなく、自己実現を望んでいるようにしか見えません。

どんな役割でも、子どもの保育のためになることを前提に力を尽くそう。

OKな回答例

①——団体の中では、リーダーを支える役割をすることが多いです。意見がリーダーに集中しているときには、意見をいくつかの種類に分けてリーダーの目に通しやすい形にしたり、返答をある程度考えたりすることがあります。実際、大学のサークルでは副部長をして、このような方法で部長を支えていました。——②

① 自分に向いている
役割を主張しよう

自分の得意な役割をしっかり把握できていますね。補佐役としての具体例もわかりやすく、リーダーを支える姿が目に浮かびます。

② 実体験を
プラスして印象的に

実体験を加えると、よりわかりやすいです。サークルなどの同年代の団体活動は、就職後の働き方の参考になることが多いものです。

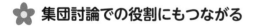

本気度が伝わるステップアップ

🌸 集団討論での役割にもつながる

集団討論（P.78〜81）では、実際に団体の中で役割を果たします。自分の得意な役割だけでなく、その場に応じた役割に徹することも大切です。

🌸 同じ「リーダータイプ」でも個性を出す

団体行動での統率力をアピールするためか、「自分はリーダータイプです」と発言する受験者が多くなりがちです。「周りの意見を聞く」「仲間をグイグイ引っ張る」など、どのようなタイプなのかを説明し、個性を出しましょう。

Q.20 残業とプライベートの予定が重なったらどうしますか?

仕事に対する責任がチェックされます。また、残業とプライベートのどちらを優先するかではなく、それぞれにどんな価値観をもっているかが確認されます。

NG な回答例

① 仕事は定時で終わるのが基本だと思っているので、できればプライベートを優先したいです。特に当日に言い渡される残業であれば、何日も前から決まっていたプライベートの約束がつぶれてしまうのが嫌です。また、プライベートを充実させてこそ、仕事にも励めると思っています。 ②

ここを変えると印象アップ!

① プライベート優先を断言してしまう

確かにそうかもしれませんが、やむを得ない残業もあるのが現実です。そんなときにどう判断するのかを考えてみてほしいです。

→ どうしても残業しなくてはならないとき、どの程度までなら引き受けられるかを判断しよう。

② 仕事とプライベートの両立を訴える

仕事とプライベートの両立を考えることはよいことですが、残業についてどう思っているのかを教えてほしいです。

→ 仕事とプライベートの両立は、1週間や1ヶ月などの一定期間内のバランスで考える。

OKな回答例

① できれば業務時間内に仕事を終わらせるべきでしょうが、どうしても残業しなければならないなら、プライベートよりも残業を優先します。ただし、何度も残業をおこなうのは、ワークライフバランスとしてはあまり望ましくないので、② 残業をしなくても業務が終わるように心がけたいと思います。

| ① 「必要であれば残業する」という姿勢を見せる | ② 時間内に業務を終える心がけを見せよう |

残業はこちらとしても望ましいことではないものの、それを否定せず、優先してくれていることが頼もしいです。責任感のある人だとわかります。

残業を減らすべきことを提案してもらえるのは、こちらとしてもうれしいです。勤務時間内の仕事にしっかり取り組もうとする姿勢も好感がもてます。

本気度が伝わるステップアップ

🌸 残業代についての話はNG

「残業をしてもよい」と話すときには、残業代などの手当のことを口にするのは控えましょう。仕事への熱心さがないと思われてしまいます。

🌸 どうしても残業ができない場合は?

「やりたくないから」といった自分勝手な理由ではなく、やむを得ず残業ができない状況の場合は、面接時に伝えておきましょう。採用後に相談するのはマナー違反です。

7 頻出質問へのベスト回答～体験・自己PR編～

■ 135 ■

Q.21 あなたの長所を教えてください

質問の狙い！

採用先に適している人なのかを判断されるほか、あなたがその長所を採用先でどのように活かそうとしているのかがチェックされます。

NGな回答例

①——友達が多いところです。小学校から大学まで、たくさんの友達に恵まれてきました。自分はリーダーシップをとることが得意で、何をするにもみんなで活動するようにしていました。②友達が多いことで、お互いに助け合う気持ちも生まれますし、実際に私自身も何度も友達を励ましたことがあります。

ここを変えると印象アップ！

① 長所を理由もなくアピールする

友達がたくさんいることは確かに長所といえますが、それをどうして長所としてとらえているのかが伝わってきません。

長所の誰かの役に立つ部分を強調することで、わかりやすいアピールになります。

② 長所と仕事のつながりが見えない

友達と互いに助け合っていることは伝わるものの、それが保育者としての仕事にどうつながるのかがわかりません。

長所をどのように仕事に活かすのかを考え、エピソードを交えて具体的に説明しよう。

OK な回答例

　私の長所は行動力です。以前、所属するボランティアサークルでボランティアの実施先が見つからなかったとき、<u>介護施設に直接問い合わせてみたら、たくさんの施設からボランティアの要請を受けた</u>経験があります。<u>すぐに実行できる行動力を活かし、こちらの施設でも保育指導に尽力したいです。</u> ①②

① **長所にまつわる話は
わかりやすい成功体験で**

サークル活動においての行動力が伝わる、よいエピソードですね。悩むよりも行動して、結果を出そうとする人柄であることがわかります。

② **長所を仕事に活かす
意欲を見せよう**

長所をただ言われるよりも、長所を活かした行動を示してくれるとうれしいですね。この場合、行動力を保育の仕事に活かしたいという意欲が見えます。

本気度が伝わるステップアップ

🌸 自分の長所を理解しておく

　長所は意外と自分ではわからないもの。自分の長所と、どうしてそれが長所なのかを、家族や友人に質問して理解しておきましょう。

🌸 短所の表現方法についても考えてみよう

　短所の裏返しが長所ということもあります。「気が短い」という短所は「早く結果を出せる」という長所になり、「引っ込み思案」は「謙虚」というとらえ方もできます。自分で長所が見つけられないなら、短所から考えてみましょう。

Column
7

気をつけたい 電話対応マナー

就職活動の期間には、採用先との電話のやり取りが発生することもあります。ビジネス上の電話のマナーを覚えておけば、採用先からの突然の電話にもうまく対応できるだけでなく、就職後の仕事でも活用できます。

電話のマナー・基本ポイント

用件を まとめておこう

用件をスムーズに伝え、相手に時間を取らせないためにも、事前にまとめておくことが大切。

静かな場所から かけよう

話を聞き取りやすく、こちらからの雑音も聞こえない静かな場所を選んでかける。

かける時間にも 注意する

どんな職場でも、始業と終業間近の時間は忙しいもの。その時間を避けて電話する。

例) 資料請求をする場合

人事	「はい、社会福祉法人○○会人事部です」
受験者	「私、××短大の渋谷と申します。資料請求についてお電話致しました。今、お時間はよろしいでしょうか?」
人事	「はい、大丈夫ですよ」
受験者	「ありがとうございます。以前よりそちらの保育事業に興味をもっておりまして、よろしければ資料をお送りいただきたいと思い、お電話致しました」
人事	「郵送でよろしければ、お送り致しますよ」
受験者	「かしこまりました。よろしくお願い致します」
人事	「それでは、学校名とお名前、そしてご住所を教えてください」
受験者	「はい××短大の渋谷華子と申します。住所は……です。お手数をおかけしますが、どうぞよろしくお願い致します」

Chapter 8

頻出質問への
ベスト回答
～保育知識・技術編～

保育の知識や技術がどれだけ身についているかが、面接試験で問われることがあります。特に子どもの心理面や安全面については正しい判断が必要になりますので、回答例をチェックして、これまでの経験や知識を見直しましょう。

Q.22 読み聞かせ中に騒ぐ子どもがいたらどうしますか?

質問の狙い！ 学校や実習などで取得した知識をもとに、保育現場での実践能力が身についているか、保育への問題意識をもっているかがチェックされます。

NG な回答例

　　大人の言うことを聞かない子どもには、その場でしっかりと注意をすべきだと思いますので、①「静かにしなさい！」と大声で叱ります。そしてしっかりと座らせ、読み聞かせを真剣に聞くように説明します。②またその子どもの保護者からも、子どもに注意してもらえるように伝えます。

✿ ここを変えると印象アップ！

① 頭ごなしに叱る指導

頭ごなしに子どもを叱りつけるのは、正しい保育者の指導とは言えません。子どもの気持ちを考える姿勢を見せてほしいものです。

子どもの行動には理由があると考えて、子どもの心情をふまえた対応を考えてみよう。

② 保護者に責任を押し付ける

当施設で起こったことの責任を、保護者に押し付けるのは間違っています。現場での保育者としての対応を考えるべきです。

保育者の責任でその場で解決できるような、具体的な対策を提案してみよう。

OKな回答例

子どもに「どうしたの?」と話しかけ、騒いだ理由を確認します。他のことに気が散っていたら、絵本に集中できる環境をつくり、読み聞かせを再開します。ただし、絵本の内容が本当に子どもにとって興味があるものだったかを検討する必要もあると思います。

① **子どもの立場になって状況を確認**

騒いでいることを注意するのではなく、騒いだ理由を尋ねるなど、子どもの立場も考えて対処しようとしていますね。保育者として立派な態度です。

② **自分でも反省する姿勢が好印象に**

子どもだけの責任にするのではなく、自分も反省しようとしているところに好感がもてます。よりよい保育をめざせる人物であることがわかる、よい回答です。

本気度が伝わるステップアップ

🌸 常に問題意識をもとう

面接で、じっくり考えて答えを出すことはできません。瞬時に答えられるように、いつでも「こんな場面ではどう指導すべきか」と考えるようにしましょう。

🌸 さまざまな立場から考えるクセをつけよう

子どもの行動については、子ども自身だけでなく、周りの環境や保育者に責任が及ぶことが多いものです。「どうしてこの子はこんな行動をとるのだろう」と思ったら、いくつもの側面から問題を考えるクセをつけておきましょう。

質問の狙い！

Q.23 子ども同士のケンカには どのように対処しますか?

子ども同士の問題について、どのように対応しようと考えているか、また、じっくり子どもたちに接することができるかが問われます。

NG な回答例

　　ケンカは絶対によくないので、ケンカしている子どもを真っ先に引き離します。そして①それぞれの子どもに注意して、もうケンカをしないように、子どもたちが納得するまで話し合います。いつまで経っても②子どもたちが納得しない場合、その子たち同士を近寄らせないようにもしようと思います。

ここを変えると印象アップ！

① ケンカの理由を聞かずに説得する

子どもたちにケンカをさせないことは大切ですが、理由も聞かずにただ説得するだけでは、子どもたちには理解できません。

ケンカには必ず理由があるので、それを子どもからじっくり聞き出す態度を見せよう。

② 問題の根本を解決しないで済ませる

これでは何の解決にもなっていません。子どもたちが納得しないのはなぜかを確認するべきではないでしょうか?

ケンカをしなくなることを目標にせず、ケンカの本当の原因を解決することに努めよう。

OKな回答例

① まず、ケンカをしている子どもたちそれぞれに、話を聞こうと思います。その際には、「どうしてケンカをしたのか」と尋ねず、「○○くんと何をしていたの?」と、ケンカの原因を一つひとつ解きほぐしたいです。② 話すことで、子ども自身が冷静になり、ケンカの解決法を見つけ出せるように導きたいです。

① 話をじっくりと聞く
 姿勢を見せよう

② 子ども同士で
 解決できるのがベスト

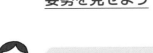

ケンカを叱って止めるのではなく、子どもたちの言い分を聞こうとする姿勢は大切です。あせらずに子どもの気持ちを理解しようとしているのがよいですね。

子どもたちの問題は、保育者が強引に答えを出そうとするとこじれることもあります。そのため、子ども自身で答えを出せるような指導法が望ましいです。

本気度が伝わるステップアップ

🌸 ケンカを否定的にとらえ過ぎない

　感情が未発達な子どもの間では、ちょっとしたことでケンカは起こるものです。だからといって否定的にとらえず、発達の一段階と理解してジャッジできる冷静な目をもち、面接でのアピール材料にしましょう。

🌸 自分の子どもの頃の気持ちを考えてみよう

　あなたが子どもの頃にケンカしたときの気持ちを覚えていますか? いらだちや葛藤など、そのときの気持ちを思い出して、ケンカの解決方法を考えましょう。

質問の狙い!

Q.24 登園したがらない子どもに どのように対処しますか?

登園したがらない子どもの気持ちはもちろん、保護者が抱える不安な思いも踏まえて、施設側の人間として適切な対応ができるかどうかが確認されます。

NG な回答例

① 子どもを保護者に無理矢理にでも連れてきてもらうなどして、とにかく登園してもらうようにします。また、登園したがらない原因ははっきりと追究した方がよいと思うので、② いじめがないかなど、子ども間の問題の有無を確認して、原因になっている子どもには厳しく注意をしたいです。

ここを変えると印象アップ!

① 強引に登園させようとする

無理矢理登園させることは、根本的な解決法ではありません。また、保護者だけに子どもへの説得を任せるのは問題です。

子どもの気持ちを尊重し、自分から登園したくなるようなきっかけづくりを提案しよう。

② 犯人探しをしようとする

登園したがらない原因を追究することは大切ですが、犯人探しをする態度は別な問題を生みやすいので、やめるべきです。

誰かを悪者にするような原因追究はせず、当事者の子どもの不安を取り除くことを考える。

OKな回答例

① ── 当事者の子どもや保護者に、登園したがらない理由を確認することが大切だと思います。理由がわかったら、それを解決して登園しやすい環境をつくりたいと思いますが、② 1〜2時間の保育から開始して、あせらずに通常のフルタイムの保育に戻していくことが大切ではないでしょうか。

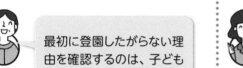

① 子どもと保護者に理由を
尋ねることから始める

最初に登園したがらない理由を確認するのは、子どもと保護者、それぞれの心情を知ることができるよい判断ですし、根本的な解決の第一歩になります。

② あせらずに時間をかけて
対処することをアピール

子どもに問題が発生したときには、あせらずにゆっくりと解決することがポイントになりますから、順を追って解決しようとする姿勢がよいです。

本気度が伝わるステップアップ

🌸 理由の聞き出し方にポイントを置いてみよう

　子どもに理由を尋ねる場合の方法に絞って考えてみましょう。直接的に「どうして登園しないのか」と聞くのではなく、「幼稚園で何かあったかな?」「お友達とは仲よくしてる?」などと、多方面から聞き出すことをアピールしましょう。

🌸 その後の様子も観察して報告

　問題が解決できたあとでも、子どもの様子をよく観察し、保護者にも逐一報告するなどのフォローを欠かさないことも伝えましょう。

8

頻出質問へのベスト回答〜保育知識・技術編〜

■ 145 ■

質問の狙い!

Q.25 1人で遊んでいる子どもにはどう声掛けしますか?

1人で遊んでいることを否定せずに、子どもの個性を受け止めつつ、どのように集団の中にも参加をうながすような声掛けができるかが問われます。

NGな回答例

見かけたら、「みんなで遊ばないとダメだよ」と声掛けをします。①1人遊びよりも、集団で遊ぶ方が協調性も育つと思うので、集団の中に無理にでも入れたほうがよいと思うからです。また、その子が仲間外れになっていないかを確認して②、仲間外れにしている子がいたら、早めに注意しておきます。

✿ ここを変えると印象アップ!

① 1人遊びを否定するような声掛け

1人遊びを認めないような声掛けは望ましくありません。1人で遊んでいるときにでも、子どもは成長しています。

→

1人遊びも大切な遊びのひとつととらえ、集団の中にも入れるような声掛けを考えよう。

② 仲間外れにされていると考えてしまう

1人遊び＝仲間外れにされている、という考えは短絡的です。その子がどうして1人遊びをしているのか、その理由を確認すべきです。

→

表情や発言などから、子ども自身が1人遊びを望んでいるかどうかを判断しよう。

OKな回答例

① — その子がどうして1人遊びをしているのかを確認し、仲間に入りにくいよう
② な様子があるときには、「先生と一緒にみんなで遊ぼう」と集団遊びの中に
誘導します。本人の意志で1人遊びをしているときには、「みんなと遊びた
くなったら来てね」と、集団の中に入りやすい状況をつくろうと思います。

① **1人遊びをしている
理由を確認しよう**

② **さまざまな子どもに
対処できることをアピール**

子どもの言動には必ず理
由があり、適切に対処する
には子どもの心情を把握
する必要があります。声掛
けの前に、1人遊びの理由
を尋ねることはよいですね。

声掛けの複数の例から、現
場での対応力がうかがえま
す。個性溢れる子どもたち
の保育にも柔軟に対応でき
そうで、頼もしく感じられ
ます。

本気度が伝わるステップアップ

❀ さりげないサポートを心がけよう

1人遊びをしていた子をいきなり集団の中に入れず、さりげなく仲間に入れ
る方法を提案することで、子どもの気持ちを優先する姿を見せましょう。

❀ 徐々に仲間に入れるアピールをしてもOK

集団が苦手な子どもへの対処として、「先生と遊ぼう」と2人遊びを提案し
てもよいでしょう。その後、3人、4人……と人数を増やし、集団に馴染ませる
方法は、「じっくり子どもとかかわれる」アピールになります。

質問の狙い！

Q.26 得意な保育・教育技術はありますか？

あなたの得意な保育・教育分野の見極めと、その得意な分野をこの自治体・施設での保育に活かすことができるかがチェックされます。

NGな回答例

　私は小学生の頃から現在まで、水泳に取り組んできましたので、子どもの水泳教育に力を入れたいです。①しかしこの施設にはプールがないと聞いておりますので、私の水泳の技能が活かせないようで残念です。②ぜひプールをつくっていただいて、水泳の指導をしたいと考えております。

ここを変えると印象アップ！

① 自分の特技と施設を合わせない

プールがないからといって「水泳の技能を活かせない」と言い切ってしまわず、水遊びなどの提案をしてほしいです。

施設では実施できない保育・教育技能でも、形を変えて実践できることをアピールしよう。

② 自分の技能を押し付けるような物言いをする

「プールをつくってほしい」という願望を採用前の段階で発言するのは図々しく、自分勝手なイメージとして映ります。

施設の状況をよく把握し、そこで活かせる保育・教育の技能がないかを考えよう。

OKな回答例

得意な水泳を子どもたちに教えたいです。こちらの施設では水泳などの運動よりも音楽教育に力を入れているとうかがっておりますが、少ない時間でも水泳の楽しさを伝えられる工夫をして、取り組みたいです。また、夏には水難事故を防ぐための着衣水泳の指導をする機会をもちたいです。

① 施設の状況を把握して得意分野をアピール

② 技能に+αの提案で好感度アップ

当施設の事情を把握したうえで、自分の技能を活かそうとする気持ちが見えます。少ない時間の中でも、子どもに水泳を教えようとする熱意もよいです。

得意分野を押し付けるだけでなく、子どもたちの安全を考えた提案をしてくれています。積極的に当施設の保育にかかわろうとする意欲が伝わります。

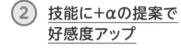

本気度が伝わるステップアップ

🌸 英語などの語学もアピール材料のひとつ

近年、保育施設において、英語教育を望む保護者の声が多く、保護者が外国人である場合もあります。そのため、語学が堪能な保育者が求められています。語学の種類やレベル（「日常会話程度」など）をアピールしましょう。

🌸 オリジナルな技能も披露しよう

手品やバルーンアートなど、一般的な保育では用いないような技能や特技も、子どもをよろこばせる保育技術のひとつとして話してもよいでしょう。

8
頻出質問へのベスト回答〜保育知識・技術編〜

Q.27 プール遊びで注意すべき
ことは何ですか?

質問の狙い!

プールでの基本的な指導法が把握できているか、また、プールにおける危険性や、緊急時の対応策がしっかり身についているかが問われます。

NG な回答例

①——水泳が得意な子どもには特に指導せずに、自由にプール遊びを楽しんでもらいます。水が苦手な子どもについては、水への怖さをなくすためにも、無理をしてでもプールに飛び込ませるようにしたいです。私は水泳が得意なので、子どもたちをおぼれさせるようなことはしないと思います。
②

ここを変えると印象アップ!

① 危険な指導方法

泳げる子でもおぼれる可能性はありますし、ましてや水が苦手な子どもを飛び込ませるのはもっとも危険です。

すべての子どもに対して、もっとも安全な方法でプール遊びができる指導を提案しよう。

② 最悪の事態を考えた対応をしない

自信があるのはわかりますが、最悪のことを考えて行動すべきです。もしおぼれた子どもがいたらどうするのかが知りたいです。

常に最悪の事態も起こりうることを頭に入れて、準備や対策を怠らない姿勢を見せよう。

OKな回答例

① —— 子どもたちに禁止事項などを指導したうえで準備体操をおこない、最初は浅いプールで水に慣れ、その後水深のある場所へ移動させます。水が苦手な子どもには、浅い部分で足をつけるところから始めます。また、<u>救助方法</u>について——②は、他の職員と何度も確認をしておきます。

① どんな子どもにも合う 指導方法がベスト	② 救助方法のチェックは 必須事項

基本的なプール遊びの指導法を把握できていますね。これならば、どんな子どもにでも、水の危険を意識しながら、楽しく遊ばせることができます。

プール遊びにおける救助の方法については、必ず事前に職員同士で共有すべきものです。その点を考慮してアピールできているのは、保育者として感心できます。

本気度が伝わるステップアップ

🌸 危険性を保護者とも共有

プール遊びでは、その場の危機管理だけでなく、感染症予防の面での危機管理が必要になります。子どもの体調管理や病気の有無の情報を保護者と共有するのが大切であることも、面接で話してみましょう。

🌸 他の場面での「危機管理」に関する質問では？

危機管理に関する質問では、最悪の事態を考えて対策ができているかが問われます。どんな危機にも対応できることをアピールしましょう。

Q.28 子どもの安全を守るうえで大切なことは何ですか?

質問の狙い! 施設内での子どものケガの防止についての考えを簡潔にまとめられるかどうか、安全について常に考えられているかどうかが問われます。

NG な回答例

子どもにはケガや病気などをさせてはいけないので、<u>危険なことはさせない</u>①
のが一番だと思います。安全を守るためには、<u>外遊びも少なくするべきだと</u>
<u>思いますし、工作でもはさみやカッターなどの危ない道具は使わせるべきで</u> ②
<u>はありません。</u>危険なものを排除してこそ、安全が守られると思います。

ここを変えると印象アップ!

① 危険なことは絶対させないという考え方

安全のためには危険は遠ざけるべきですが、どんなものにも危険は潜んでいます。それを踏まえて、安全について話してほしいです。

→ 子どものすべての遊びや行動などに潜む、危険を防ぐ安全対策を考えよう。

② 子どもの遊びを極度に制限してしまう

これではできる遊びが限られてしまいます。危険が発生しない対策をして、子どもたちを遊ばせる工夫をしてほしいものです。

→ 子どもの自由度を保ちつつ、安全を守るには何が必要かを考えてアピールしよう。

OKな回答例

① どんな保育や遊びにおいても、じっくり基本から指導することが安全のためには必要だと考えます。② 難易度を急に上げるような指導では、子どもたちが理解不足のままで遊んでケガをする可能性があります。たとえ時間がかかったとしても、順序を踏まない指導は避けたいと思います。

① 子どもの安全のためには基本から指導する

「保育の場の安全」の意味をしっかりつかめていますね。危険を避けるには、基本から時間をかけて指導することが重要であることも理解できています。

② 子どもの理解を一段階ずつ上げる

遊びの難易度を急に上げることの危険性を、つかめていますね。子どもたちの理解を一段階ずつ上げることは安全で、正しい指導法です。

本気度が伝わるステップアップ

❀ 衛生面の安全についても話そう

感染症予防などの衛生面について話してもよいでしょう。うがい・手洗いなどの徹底や、体調の変化をチェックする方法について具体的に伝えましょう。

❀ 保護者との連携もアピール

紐やフードが引っかかるなど、衣類のデザインが原因の子どもの事故が増えています。保護者には装飾の少ないシンプルな衣類を用意してもらうなど、子どもの安全を確保する姿勢を見せましょう。

Q.29 SNSでの情報流出について
どう思いますか?

質問の狙い! 話題になることが多いSNSの問題点を正しくとらえているか、また、「自分は決して情報流出はさせない」と日頃から注意しているかが問われます。

NGな回答例

　　SNSは便利なツールですので私も使っていますが、①友達との交流にしか用いていませんので、職場の出来事をSNS上に掲載したとしても問題はないと思います。また、②個人で使用するSNSは、その人の自己判断で利用すべきなので、勤務先が何らかの指導をするのは問題ではないでしょうか。

ここを変えると印象アップ!

① 仕事関連のことを掲載してもよいと考えている

相手が友達であっても、SNSに仕事関連の情報を漏らしてはいけません。普段の会話においても流出は厳禁です。

 SNSは誰にでも閲覧されるものと考え、情報流出の危険性を理解しておこう。

② SNSは自己判断で利用すべきと思っている

SNSがたとえ個人での利用だとしても、仕事に関することについては守秘義務が求められますので、勤務先の指示に従うべきです。

たとえ個人利用であっても、社会人としての責任をもってSNSを利用しよう。

OK な回答例

　　SNSは誰にでも閲覧されてしまう可能性があるため、使用には注意が必要です。①特に仕事や個人情報に関することは、絶対に掲載すべきでないと考えています。②もし私個人でSNSを使用する場合は、プライベートでの利用にとどめ、職務に関することは一切掲載しません。

① ネットリテラシーの重要性を強調しよう

SNSでの情報流出は、絶対に避けなければなりません。このような厳しい意識があれば、ネットリテラシーが身についていると判断できます。

② 仕事のことは絶対に流出させない

SNSは、仕事とプライベートを分けて利用するという原則をきちんと理解していますね。社会人としての正しい意識をもっていて好ましいです。

本気度 が伝わるステップアップ

🌸 失敗談を話すのはやめよう

　　あなた自身がSNSで失敗したことがあっても、面接でそれを話すのは控えましょう。面接官に「また同じような失敗を繰り返すのでは?」と思われてしまうこともあるので、注意が必要です。

🌸 最近の事例について言及する

　　顧客の情報流出などの事例を取り上げて、「こうするべきだった」と話すと、SNSの問題点をつかめていることがより具体的にわかります。

Q.30 地震が発生したら どうしますか?

質問の狙い! 地震時における、子どもを守るための基本的な行動を理解し、身につけているか、また、子どもを危険から守る責任感の有無がチェックされます。

NG な回答例

　地震のときは、机の下などに入って揺れがおさまるのを待ちます。しか

① し、せまい施設でたくさんの子どもを避難させ続けるのは困難なので、保護者にすぐに迎えにきてもらうようにします。沿岸地域で津波の危険性があるときは、すぐに別のところへ避難するべきです。 ②

ここを変えると印象アップ!

① 避難を保護者に一任するような発言

保護者が子どもを迎えに来られない場合があるので、せまい施設の中でも、子どもたちを避難させる方法を考えましょう。

→

保護者が守れない代わりに、子どもたちを守るのが保育者の役目であることを知っておこう。

② やみくもに逃げる

津波の可能性がある場合は、避難を急ぐだけでなく、正しい避難場所に逃げることが大切です。事前に避難場所を確認しましょう。

→

施設外に逃げる場合の避難経路や避難場所は、しっかり確認しておく必要がある。

OK な回答例

　子どもたちの頭部を防災ずきんで守り、窓から離れた部屋の中央に集まります。その後、保護者へ連絡し、子どもを迎えに来られるかを確認します。沿岸地域では津波の可能性を考え、子どもたちを安全な避難場所へすみやかに避難させます。

① 発生直後の対処法は 　　基本をおさえておこう	② 避難場所は 　　確認しておく

地震発生直後から保護者への連絡まで、正しい対処法が理解できていますね。子どもたちを守ろうとする責任感がうかがえます。

地域によって地震の危険性は異なります。いくつかの可能性を考えたうえで、安全確保や避難方法について把握できていますね。

本気度が伝わるステップアップ

🌸 面接に行く途中に、避難場所を確認

　面接に行く前に時間があったら、その地域の避難場所をチェックしましょう。面接で地震の避難について聞かれた場合、とてもいいアピール材料になります。

🌸 子どもたちの心理面にも配慮を

　地震のときには、子どもたちの心は不安でいっぱいになります。そんな子どもたちの心理面にも配慮することも、面接時には加えましょう。子どもたちを落ち着かせるのはもちろん、笑わせて不安を取り除くのも大切な保育です。

8

頻出質問へのベスト回答〜保育知識・技術編〜

Q.31 言葉遣いの悪い子どもにどのような指導をしますか?

質問の狙い!

言葉遣いの裏にある子どもの心理にも目を向けたうえで、正しい指導ができるか、また、保育者側も正しい言葉を使えているかが確認されます。

NGな回答例

言葉の乱れは心の乱れでもあると思いますので、心を引きしめるためにも、① 言葉遣いの悪い子には「話をしてはいけません」と注意をして、言葉遣いを直すまでは話すことを禁止させます。また保護者の言葉をまねている可能性もありますので、保護者の口調をチェックします。 ②

ここを変えると印象アップ!

① 話すことを禁止させる

話すことを禁じるのは、暴力に近い指導法です。これでは子どもが傷ついてしまうだけで、根本的な解決にはなりません。

→

言葉を話す機会の中で、正しい言葉遣いができるように指導する方法を考えよう。

② 保護者の口調に責任があると決めつける

言葉遣いを保護者の責任にするのは、少し乱暴ではないでしょうか。保護者と協力して、言葉遣いを直していくのが正しいです。

→

原因を探すことよりも、みんなで協力して正しい言葉遣いへと導くことが大切。

OK な回答例

　悪い言葉遣いは直すべきですが、子どもが言葉を発する楽しさを奪うわけにはいきません。ですので、悪い言葉を発していたら「その言葉はどういう意味ですか」と尋ね、答えてくれたら「同じ意味のもっとすてきな言葉がありますよ」と、子どもに正しい言葉を自然と指導できるようにします。

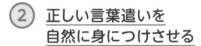

① **子ども自身で
言葉の意味を考えさせる**

② **正しい言葉遣いを
自然に身につけさせる**

言葉が未発達な年齢の子どもの気持ちを考えられていますね。しかも質問することで、子ども自身で言葉の意味を考える機会を与えています。

子どもの言葉を否定するのではなく、より適切な言葉を教えるのは、とてもよい指導です。違和感なく、正しい言葉を使えるようになるでしょう。

本気度 が伝わるステップアップ

🌸 読み聞かせ等の機会に指導するのもOK

　絵本や紙芝居を利用して、読み聞かせなどで言葉遣いを理解させる方法を提案してもいいでしょう。複数の子どもへの指導にも使える方法です。

🌸 自身の言葉遣いもチェックする

　言葉遣いの指導は、保育者自身が言葉遣いに自信がないと難しいものです。自分の言葉遣いが正しいかをチェックして、面接時には正しい言葉遣いで発言できるようにしておきましょう。

8
頻出質問へのベスト回答〜保育知識・技術編〜

ショートメールとは違う！
正しいビジネスメールの書き方

　ショートメールばかり使っていると、長文のビジネスメールの書き方に不安を覚えるものです。就職活動ではメールのやり取りが必要な場面もあるので、ビジネスメールの正しい書き方を確認しておきましょう。

① 資料送付のお願い（××短大 渋谷華子）

② 社会福祉法人○○会　人事部
　採用ご担当者様

③ 突然のメールで失礼致します。
　私は××短大福祉学部2年の渋谷華子と申します。

④ 以前より○○会様の保育事業に興味をもっており、
　くわしい事業内容を確認させていただきたいと考えております。
　つきましては、事業内容が書かれた資料を
　お送りいただきたく、メールを差し上げました。

　お忙しい中、恐縮ではございますが、
　何卒よろしくお願い致します。

⑤ ××短大福祉学部2年
　渋谷華子（しぶや・はなこ）
　e-mail：hanako_s@×××.com
　住所　〒150-0000　東京都渋谷区○○1-1-1
　電話　090-0000-0000

① **件名はひと目で内容がわかるものに！**

メールの件名は、メール本文の内容を簡潔にまとめたもので。学校名と氏名も加えます。

② **最初に宛名を記入**

メールの本文の最初には、宛名を記入します。肩書きも省略せずに書きます。

⑤ **最後には署名を**

メール本文の最後には署名をつけます。メールアドレス以外の連絡先も入れましょう。

④ **内容は簡潔に**

メール本文には、時候のあいさつなどは不要です。用件を短く簡潔にまとめましょう。

③ **自己紹介を簡単に**

宛名のあとに自己紹介を記入します。必ず学校名も付け加えましょう。

Chapter 9

頻出質問への
ベスト回答
～保護者への対応編～

保育者は保護者への対応力も必要な職業です。面接
試験では、保護者への対応のしかたについての質問
を受ける場合があります。ともに子どもの成長を見守
る立場として、保護者の気持ちを理解した対応策を
確認しましょう。

Q.32 保護者とのかかわりで
大切にすべきことは?

どのような姿勢で保護者とかかわるべきか、さらに、
保護者と協力しながらどのような保育をする気持ちで
いるかがチェックされます。

NG な回答例

① ——こちらが保護者を指導する立場なので、保育や教育についてしっかりと伝
え、保護者に問題点があれば指摘をするべきだと思っています。また、保育
は保護者の協力なしではできないので、保育がしやすい環境づくりを保護者
がしっかりとサポートしてくれるように強く求めたいです。 ②

ここを変えると印象アップ!

① 保護者に指導してしまう

保育者は保護者を指導する立場
にはありません。あくまで子ども
を中心にした、対等な立場である
ことを忘れないでください。

保育の中心は子どもで
あることを忘れず、保
護者と対等なよい関係
を築く方法を考えよう。

② 保護者に対して一方的に協力を求める

保護者の協力は保育には不可欠
ですが、一方的に協力を求めるの
ではなく、お互いの不足している
部分を補える関係がベストです。

保護者の協力を求める
のは必要最低限にとど
めて、要求を押しつけな
いことを心がけよう。

OK な回答例

　　保護者と保育者は、協力して子どもの成長を見守る必要があります。ですので、保護者の話をよく聞いたうえで、子どもの保育に活かしていきます。保育者からは、子どもの長所や可能性を中心に保護者に話して、子どものよい部分を引き出せる保育をおこなうべきだと思います。

① ② （回答文中の丸番号）

① **保護者の話を真剣に聞き保育に活かそう**

保育者が聞き役に回ることは、よりよい保育の実現や保護者を安心させるうえで大切なことです。聞いた話を参考にして実行するのもよい判断です。

② **子どものよい部分をのばす保育を!**

保育者が子どものよい部分を引き出してくれると、保護者はうれしいものです。ポジティブな言葉掛けは、保護者との信頼関係を強くします。

本気度 が伝わるステップアップ

❀ 聞き役に回ることを優先して

　　保護者と保育者の間で上下関係が生まれてしまうことも多いものですが、あくまで聞き役に徹し、話を真剣に聞くことを強調しましょう。

❀ 保護者との信頼関係で子どもの発達がアップ

　　保護者との関係を考えるときには、子どもの発達にも目を向けてみましょう。保護者と保育者が信頼関係を築けていれば子どもは安心し、よい発達が期待できます。

Q.33 モンスターペアレントについてどう思いますか?

質問の狙い！

どんな保護者にも否定的な考えをもたずに対応できるかどうか、また、モンスターペアレントへの具体的な対策や心がまえができているかが確認されます。

NG な回答例

　　実習ではモンスターペアレントのような保護者に対応しなかったため、どんなものかはマスコミの報道でしかわかりません。そのため、実際に対応するとなったら、戸惑ってしまいそうですし、怖そうなので苦手です。もしこちらで働くことになったら、実際に働きながら対応を努力したいです。

① ②

ここを変えると印象アップ！

① 「怖い」「苦手」と言い切ってしまう

どんな保護者にも保育者は対応しなければなりません。それを「苦手」と言い切ってしまうようでは、保育者にふさわしくありません。

モンスターペアレントのイメージに惑わされず、真摯に対応することを心がけよう。

② 現時点で、対策を考えていない

働き始めたらすぐに、保護者に対応する必要があります。働く前からシチュエーションを想定して、対応の練習を重ねるべきです。

どんな保護者にも対応できるよう、対策を考えていることをアピールしよう。

OKな回答例

① どんな保護者であったとしても、子どものことを考えているのは一緒だと思います。そのうえで、保護者それぞれには多様な価値観を認め、まずはしっかり話を聞くべきだと思います。話の中で、保育者が対応できることがあれば協力し、対応できないことには理解していただけるように説明します。 ②

① **多様な価値観を認める アピールをしよう**

保護者に偏見をもっていないことに好感がもてます。また、さまざまなタイプの保護者にも臆することなく対応しようとしているのもよいですね。

② **保護者の意見を尊重し、 よき相談相手になろう**

保護者の話を聞きながらも、保護者の言いなりにならず、できることとできないことを分けて考えているのは、保育者としてすばらしいです。

本気度が伝わるステップアップ

 上司に相談することも念頭に置いて

モンスターペアレントの問題は、あなただけの判断では解決できないこともあります。そのため、「上司や先輩に相談する」という回答でも問題ありません。ただし、聞いた話を脚色せずに上司や先輩に伝えることを述べましょう。

 記録を取ることも、対策のひとつ

保護者との間で「言った・言わない」の問題を避けるためにも、メモなどの記録を取っておくことは大切ですので、記録の重要性を述べてもよいでしょう。

9 頻出質問へのベスト回答〜保護者への対応編〜

Q.34 保護者からの「育児が大変」 の相談にどう対処しますか?

質問の狙い!

保護者の深刻な悩みをしっかりと聞き取る心がまえがあるか、また、保護者と向き合い、その心情や立場を理解することができるかが問われます。

NGな回答例

　　子育てが大変なのは当たり前ですし、①<u>子どもがよく育つかどうかは保護者の努力次第ではないでしょうか。</u>また、②<u>保育者には保育のプロとしてのアドバイスが求められていると思いますので、私なりの子育てのコツを教えて、保護者を元気づけたいです。</u>

ここを変えると印象アップ!

① 保護者の言葉を否定する

子育ての負担を保護者に押し付けてはいけません。また、保護者の言葉を否定しては、保護者が傷ついてしまいます。

保護者の言葉を否定することなく、共感しながら話を聞き、内容を把握しよう。

② 保護者にアドバイスしなくてはいけないと考えている

保育者は保護者に子育て支援をする立場にありますが、アドバイスに限らず、親身になって保護者の話を聞くことも重要な役割です。

保護者の不安を増やさないためにも、まずは話を聞くことに徹することが大切。

OK な回答例

保護者が悩んでいるときには、こちらから積極的に発言せず、保護者の言葉を聞くことに集中したいです。 ① 育児のどんなことが大変なのか、どんな支障が生じているのかを判断したうえで、小さなことからひとつずつ解決していけるように、サポートをしていこうと思います。 ②

① **発言を控え、保護者の話を聞くことをメインに考えよう**

育児の不安を抱え、誰かに話を聞いてほしいと考える保護者は多いものです。どんな些細な不安でも話してもらえるような姿勢でいることがわかります。

② **時間をかけて解決に導こうとする姿勢を見せよう**

話を聞いたうえで、論理的に理解しようとしていますね。強引に解決を目指すのではなく、時間をかけて取り組もうとしているのも好感がもてます。

本気度が伝わるステップアップ

🌸 施設全体での対応も考えよう

保護者の悩みが深刻なものであった場合、問題を上司と共有して、保育スタッフ全員でサポートする必要性があることを伝えましょう。

🌸 保育参観や懇談会を利用するアイデアもOK

保護者に保育中の子どもの姿を見てもらう保育参観や、保護者同士で話し合う懇談会などを利用して、保護者の悩みを見つけ、解決することを提案してもよいでしょう。

質問の狙い!

Q.35 保護者からのクレームにどう対処しますか?

クレームを受けるという辛い仕事に耐えることができるか、クレームをしっかり聞き取り、その内容を正しく判断できるかがチェックされます。

NGな回答例

　　クレームの内容が、保護者が一方的にこちらをののしるものであった場合、こちらが悪者になる必要はないので、①保護者が謝罪するまで反論します。もし、明らかにこちらに非がある内容だった場合は、②謝罪をして、早めに事態の収束ができるようにすれば何とかなるのではないかと思います。

ここを変えると印象アップ!

① 保護者に反論してしまう

保護者のクレームがどんな内容であれ、反論は厳禁です。保護者の子どもを預かる立場を忘れない言動を心がけてください。

保護者の怒りにつられずに、クレームの内容を正しく理解することに集中しよう。

② さっさと問題を解決しようとする

早期解決できるのは理想ですが、事態をおさめるだけでは再び問題が噴出しかねません。根本的な問題を見つけ、解決させましょう。

その場しのぎの解決はせず、問題の根本を解決するために時間を使おう。

OKな回答例

① — どんなクレームだったとしても最初は聞き役に徹して、保護者の言葉をしっかりと受け止めようと思います。聞き出した内容は、保護者に確認しつつ問題点を絞り、上司へと報告して改善できるようにしたいです。もし、保護者に誤解があるようであれば、冷静に説明して誤解を解きます。 ②

① クレームを受け止める姿勢を見せよう

保護者の言葉を受け止めるのは精神的に大変ではありますが、それを実行しようとする意思が見えます。聞き役に徹しようとする心がけもすばらしいです。

② 上司に相談しながら根本から解決しよう

クレームに対して、その場ですぐに反応せず、冷静に判断しようとしていますね。上司に相談することは、後々に問題を再燃させないためにも大切です。

本気度が伝わるステップアップ

🌸 保護者のクレームをすべてのみ込まない

保護者のクレームの中には、誤解や過剰な反応が含まれていることもありますので、一度時間を置いて「本当に問題なのは何か」を考える必要があることを、面接では冷静さをもっていることのアピールとして話しましょう。

🌸 保護者自身が答えを導き出せるようにする

保育者が聞き役に回ることで、保護者が冷静さを取り戻して自らの答えを出せるようにすることも、対処のひとつとして加えてもよいでしょう。

Q.36 **子どもがケガをした場合、保護者にどう伝えますか?**

質問の狙い! ケガをさせてしまったことを真摯に謝ることができるか、また、子どもがケガをした経緯を、保護者に正しく伝える能力があるかが確認されます。

NG な回答例

　　ケガをさせてしまったことは申し訳ないですが、①ケガには子ども自身の責任もありますから、こちらだけが悪者にならないように説明します。また、子ども同士のケンカでケガをさせてしまった場合は、②誰によってケガをさせてしまったかを伝え、ケガをさせた子どもの保護者に謝ってもらうようにします。

ここを変えると印象アップ!

① 謝罪せず、子どものせいにする

子どもの責任によるケガだったとしても、子どもを見守っているのは保育者です。責任をもって、謝罪してください。

→ 施設内でのケガは、どんな原因・理由であっても保育者の責任として謝罪しよう。

② 誰かを犯人扱いする

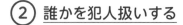

ケガをさせたのが子どもだった場合、その子を犯人扱いせず、何が原因でケガをさせてしまったのかを説明できなくてはいけません。

→ 「誰が悪かったのか」ではなく「何が原因だったのか」を保護者に説明しよう。

OKな回答例

　この施設内でのケガは、<u>どんな原因であっても私たち保育者の責任で</u>①
すので、保護者にしっかりとケガの経緯を説明し、謝罪します。子どもの
不注意によるケガだった場合は、<u>こちらでも十分気をつけることを説明した</u>
うえで、保護者にも気をつけてほしいポイントをさりげなく伝えます。②

**① 責任の所在を明確にし
すぐに謝罪する**

原因・理由を問わず、保護者に迷わず謝罪しようとしている気持ちがよいですね。責任をもって、保育の仕事にあたれる人材であることがわかります。

**② 再発予防には
保護者の協力も必要**

ケガをさせないために、保護者にも協力をしてもらうのは正しい判断です。さらに協力を押しつけず、さりげないアドバイスをしているところが好感がもてます。

本気度が伝わるステップアップ

🌸 子ども同士でのケガの場合は？

　子ども同士の問題でケガをさせてしまった場合は、両者の保護者に事情を説明することになります。一方的にケガをさせてしまった場合も、誰かを犯人扱いすることなく、保護者同士が納得のいく説明を心がけることを説明しましょう。

🌸 保護者の気持ちを考えることをアピール

　どんな些細なケガだったとしても、保護者は子どものケガを気にするものです。保護者の気持ちに配慮した対処法を考えてみましょう。

Column

9

スペシャリストになろう！

　就職活動をしていると、面接などでとても優秀に見える受験者に出会うこともあります。「それに引きかえ、私は何の取り柄もない」と落ち込まず、何かひとつだけでも「スペシャリスト」をめざしてみましょう。日常の何げないことや、趣味などを保育に活かしている先輩もたくさんいます。

Fさん
（女性・公立
保育所勤務）

高校時代に演劇部に所属していたので、そこで学んだ発声方法を用いて、子どもたちに呼びかけています。

Gさん
（男性・私立
保育所勤務）

僕自身が小さい頃から電車が好きだったので、電車好きの男の子と話すのがとても楽しいんです。

Hさん
（女性・私立
幼稚園勤務）

日本特有のマナーをうまく教えたくて、私の特技でもある茶道を子どもたちと一緒にすることがあります。

Iさん
（男性・公立
保育所勤務）

掃除好きなので、簡単にできる掃除の仕方を教えています。家でもぞうきんがけをお手伝いしている子どももいるんです。

Chapter 10
論作文・作文 基礎の基礎

面接試験の自己PRや志望動機などと関連深い内容が
テーマとして出題されることが多いのが論作文です。
原稿用紙の使い方や言葉の選び方から、論理的な文章
の構成方法まで、論作文を書くための基礎力をこの章
でマスターしましょう。

論作文・作文試験では
何が評価される?

- 論作文や作文とは何か、それぞれの違いについて確認する
- 採用側がチェックするポイントをおさえる

課題を理解して自分の意見を述べる

　論作文は主に公立施設の採用試験で実施される選考方法のひとつです。提示されたテーマに対して論理立てて主張を記述するもので、一般的には「小論文」と呼ばれています。論作文には社会的なテーマを題材にした小論文の傾向が強いものと、自己PRや志望動機などを記述する作文に近いものの2種類があります。民間施設での採用選考では、自己PRを述べる作文の提出を求められることがあります。

　論作文でも作文でも、与えられた課題を理解して、自分の考えや意見を正しい日本語で書くことが基本です。文章の技巧や面白さよりも「はっきりとした主張」「盛り込んだ情報の正確さ」が求められます。

 論作文と作文の特徴

	論作文		作文
	小論文傾向	作文傾向	
実施する採用先	公立施設の採用試験		民間施設の採用選考
出題される課題の傾向	社会的なテーマ（自治体の問題点、少子化についてなど）	自己PRや志望動機を述べさせるテーマ	
記述のポイント	●自分の主張や意見を、誰にでも伝わるように、客観的かつ論理的に書く ●矛盾がなく、筋道が通っていることが大切	●体験や意見を、具体的なエピソードを交えてわかりやすく書く ●自分の気持ちを素直に伝えるつもりで記述する	
文体	「〜だ」「〜である」調		「〜です」「〜ます」調

採用者がチェックする7つのポイント

① 課題の理解度

出題された課題の内容を理解して、それに沿った文章を書くことが求められます。

\Check!/
- 課題の内容を理解しているか
- 課題に合った内容になっているか
- 最後まで課題に沿って書いているか

② 記述力

誰が読んでも理解できる、わかりやすい文章でまとまっているかがチェックされます。

\Check!/
- わかりやすい文章か
- 主張や意見に説得力があるか
- あいまいな表現を使っていないか

③ 構成力

文章の流れがスムーズで、内容に矛盾がなくまとめてあることが大切です。

\Check!/
- 課題について論理的に書いているか
- わかりやすい構成で書いているか
- 論理に矛盾がないか

④ 社会への関心

ニュースや新聞などに目を通し、社会の話題に興味をもっているかがチェックされます。

\Check!/
- 時事問題に幅広く興味をもっているか
- ニュースや新聞などで、社会情勢をチェックしているか
- 独自の意見をもち、説明できているか

⑤ 保育の知識

現在の保育の状況や問題点に目を向け、当事者意識をもつことが必要です。

\Check!/
- 保育の状況を把握できているか
- 保育の現状に問題意識をもっているか
- 保育の現状に対する自分なりの意見をもっているか

⑥ 意欲

保育者になりたい、または希望の自治体・施設で働きたいという意欲がチェックされます。

\Check!/
- 保育者になって働きたい意欲があるか
- 希望する自治体・施設で働きたい理由が明確か
- 保育者として何ができるかを考えているか

⑦ 国語力

言葉遣いや漢字の知識など、社会人として文章を書く基本能力がチェックされます。

\Check!/
- 正しい言葉遣いができるか
- 一般的な漢字の読み・書きができるか
- 文字を丁寧に書くことができるか

7つのポイントに沿って、採用側はチェック・採点をおこないます。面白さや文章のうまさをめざすのではなく、わかりやすく、読む人に内容が伝わる文章になるように心がけることがポイントです!

10 論作文・作文 基礎の基礎

論作文・作文試験の出題傾向は?

🐰 論作文・作文試験で求められる内容を知っておこう
🐰 出題されやすい課題について、事前にチェックする

書くための「素材」「ネタ」を幅広く収集

公務員採用の論作文試験は、試験会場で課題が与えられ、制限時間内に記述する形式で実施されます。一方、民間施設の作文試験では、試験会場での記述のほかに、自宅で書いたものを提出させる形式をとる場合もあります。

どんな形式の論作文・作文であっても、「課題に合った文章を、自分の考えを交えて書く」という基本は変わりません。各自治体や民間施設ごとに出題傾向を過去の問題からつかみ、それに合った体験談や主張・意見などの、書くための「素材」「ネタ」をいくつか集めておくとよいでしょう。

論作文や作文の素材・ネタになるものは?

実体験

● 保育者との思い出
● 学校生活のエピソード
● アルバイトでの経験

実習での経験

● 実習体験
● 褒められたこと、得意なこと
● 反省点

主張・意見

● 保育の現状認識
● 社会に対する意見
● 採用先への希望

よく出題される課題と対策ポイント

志望動機

「なぜ保育者として働きたいのか」「この自治体・民間施設を選んだ理由」など志望動機の明確さを確認する課題です。

自分の熱意だけでなく、保育の現状や自治体・施設によって違う子育ての対策などを踏まえて書くと、意欲が伝わります。

公務員として働くこと

公務員の採用試験で頻出の課題です。公務員として、その地域に貢献する意図を確認する意味があります。

自治体の状況を調べておくことが必須です。地域で改善すべき部分や尽力したい点を、自分の特性や意欲と絡めて書きましょう。

自己PR

さまざまなパターンはあるものの、いずれも受験者に自己PRをさせて、人物像をつかむための課題です。

自分の長所や熱意が伝わるエピソードをいくつか用意しておき、論作文や作文だけでなく面接でも活かしましょう。

社会問題に関するもの

社会情勢についての正しい知識をもち、それに対する独自の意見をもっているかがチェックされます。

待機児童問題や、災害時の保育者としての対応について問われることが多いため、日頃から考える習慣をつけておきましょう。

10
論作文・作文 基礎の基礎

構成の組み立て方と 3つの論の役割

🐦 論作文や作文を書くための構成の組み立て方の基本を学ぶ
🐦 「序論」「本論」「結論」それぞれに必要な内容を知っておこう

「序論」「本論」「結論」の3つで構成する

　論作文や作文を書くにあたってもっとも大切なのが、構成を考えることです。通常、構成は「序論」「本論」「結論」の3つに分けられます。この中で、もっとも重要なのが本論です。自分の考えや意見を、相手にわかりやすく説明する部分で、文字数ももっとも多くなります。序論は、本論に入る前の前置き部分です。結論はその名の通り、文章全体を通して主張をまとめて結論づける部分です。

　基本的には、序論→本論→結論の順番でまとめますが、論作文では、結論を先に決めて序論と本論につなげるほうがスムーズな場合もあります。

 論作文や作文を構成する3つの「論」

主張・意見を 簡潔に提示	主張・意見の 根拠を記述	最終的な 主張・意見
序論	**本論**	**結論**
文章の出だしに主張を簡潔に述べます。結論の内容をある程度書いておくと、読み手は結論を頭に入れた状態で読み進められます。	主張や意見のもとになった考察や、その理由を書きます。結論に説得力が出るように、正しい根拠を積み重ねる部分です。	本論から導き出された結論を記述します。結論が序論の主張・意見と食い違っていないかを最後に確認しましょう。

論作文・作文の構成と書き方

論作文の場合

課題例「この市の子育て事業で実行したいこと」

序 論

主張・意見を提示

与えられた課題について問題提起をして、主張や意見を提示する。「自分ではこう考えているが、事実はどうなのか?」と疑問を投げかけることもOK。

> 私は、地域の1〜3歳児を遊ばせる「子ども遊び場活動」の実施を考えている。……

本 論

理由や考察、根拠を記述

主張や意見の根拠として、「どうして自分はこう考えるのか」「こんな事実がある」などの理由を具体的に提示する。

> なぜなら、○○市は一人っ子の家庭が多いからだ。同様の活動を実施している△△市では……

結 論

記述の整理・まとめ

これまでの文章の流れを整理して、自分の主張・意見をまとめる。与えられた課題とズレがないかもチェックすること。

> 地域の子どもを遊ばせることで、近隣の人々のつながりが深まり、これが地域の活性化につながるのだと考える。

作文の場合

課題例「実習での体験について」

序 論

エピソードの導入・説明

与えられた課題に沿ったエピソードを選び、その内容を簡潔に説明する。話題を提示する気持ちで、自分の意見を書いてもよい。

> 私は実習先の保育所で、子どものケンカを止めることができませんでした。……

本 論

エピソードの具体的な内容や感想

エピソードの内容を説明し、そのときの気持ちを述べる。「楽しかった」と感想だけでなく、どうしてその気持ちを感じたのかを説明する。

> 私は自分を無力に感じ、落ち込んでしまいました。しかし、保育士の先輩がアドバイスをくれたのです。……

結 論

エピソードのまとめ

文章の最後のまとめ部分。エピソードを通して、学んだことや思ったことを書こう。また、序論で書いた意見を再度強調して書くこともある。

> しっかり子どもの話を聞く態度を見せることが、ケンカを根本から防ぐ方法だと気づくことができました。

制限時間の配分と文字数の割り当て

🐰 各自治体や民間施設の、論作文の制限時間と文字数を調べておく
🐰 時間内に書き終えられるよう、事前に時間配分を考えた練習をする

文字数に応じた時間配分の練習を

論作文や作文を書くにあたっては、制限時間と文字数をあらかじめ把握しておく必要があります。公務員試験であれば、時間制限は30〜90分、文字数は800〜1,200字と自治体によって幅がありますので、事前に調べておきましょう。

また、時間内に指定の文字数を書くためには、時間配分を考える必要があります。論作文・作文のメインである本論（→P.178〜179）の記述に時間と文字数を多く割り当て、さらに最後に読み直しの時間も必要になることを考えて、練習を繰り返しておきましょう。

制限時間であせらないためのポイント

① 論展開の書き方に慣れておく

→論理的な文章の書き方をマスターする。

② いきなり原稿用紙に書き出さない

→原稿用紙の余白などに、書きたい内容を箇条書きで整理して、重複する内容を削除してから原稿用紙に書き出す（整理したメモは、最後に消しておくこと）。

③ 必ず読み返すこと

→書き終わったら読み返して誤字・脱字のチェックと、論理の流れや課題に適した内容かどうかの確認をする。

制限時間の使い方

試験例
制限時間80分、文字数1,000字
課題「学生時代の思い出」

書きやすいテーマを選ぶ

- アルバイトでの失敗談
- サッカー部での成功体験
- サークルの活動

> よし、サッカー部の話にしよう！

0分

書くテーマを絞る

5分

書くべき内容を
箇条書きにする

15分

書きたい内容を
箇条書きにしてまとめる

① 所属していたサッカー部が、強豪校に勝利
② サッカー部は弱かった
③ 主将の自分が部員をまとめられない
④「まとめられない自分が悔しい」と部員に告白
⑤ 部員が反省してくれて、協力的になる
⑥ 強豪校に勝利し、協力を求める大切さを実感

→ 箇条書きを
3つの論に
分ける

文章をまとめる

> この場合、①が序論、②～⑤が本論、⑥が結論です。

序論（200字）	**本論**（600字）	**結論**（200字）
①をまとめる	②～⑤をまとめる	⑥をまとめる
私の学生時代の思い出は、高校時代に所属していたサッカー部が強豪校に勝利したことです。	私の所属していたサッカー部は、部員にまとまりがありませんでした。(中略）それ以来、部員全員がまとまり、夏の大会では○○高校に勝利できました。	この体験から、みんなに協力を求めることが大切だと実感しました。

70分

書き終わったら
必ず読み返す

80分

チェックする時間を残しておく

- 読みやすい文章になっているか
- 誤字・脱字はないか
- 文体は統一されているか

10

論作文・作文 基礎の基礎

原稿用紙の使い方と記述ルール

🐰 原稿用紙の正しい使い方を確認する
🐰 句読点やアルファベットの記入のルールを確認する

横書き原稿用紙の使い方をマスターしよう

　公務員採用試験での論作文では、横書きの原稿用紙が使用されます。マス目が印刷されたものや横罫だけのものなど、さまざまなタイプの原稿用紙がありますが、1マスには1字書くといった基本的な使い方は縦書きの原稿用紙と変わりません。ただし、横書き独特の記述のルールがありますので、ここで確認しておきましょう。

　原稿用紙で指定された文字数の80％は、記述で埋めるのが原則です。記述量がそれ以下だったり制限字数をオーバーしてしまうと、減点の対象になります。また、空白行はつくらずに、詰めて記述するようにしましょう。

横書き原稿用紙の記述ルール

⚙ 段落の最初は1マス空ける

○ | 私 | は | 学 | 生 | 時 | 代 | に | ア | ル | バ | イ | ト | を

⚙ 拗音・促音は1マスに書く

び | っ | く | り | 箱 | で | し | ゃ | っ | く | り | を | 止

✿ 句読点、カッコなどの記号は1マスに書く

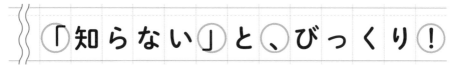

→ カッコは「」、『 』、( ) など、どの種類でも同じです。
→ ！や？は1マスに書き、直後の1マスを空けます。

✿ アルファベットの大文字は1マスに1字、小文字は1マスに2字記入する

→ アルファベットの数の都合上、1字しか入らないマスがあってもかまいません。

✿ 算用数字は、1マスに2字記入する

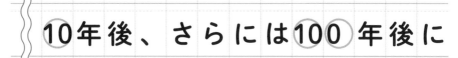

→ 数字の桁数の都合上、1字しか入らないマスがあってもかまいません。

✿ カッコの閉じと句読点は同じマスに記入する

✿ 行の最初にくるカッコの閉じや句読点は、行末の欄外に書く

論作文・作文試験に ふさわしい言葉と表現

🐰 論作文の記述で用いる言葉は、話し言葉とどう違うのか
🐰 言い換えが必要な用語をチェックしておこう

話し言葉ではなく書き言葉を使う

　論作文や作文を書くときには、用いる言葉に気をつけたいものです。まず、必ず文体は統一するようにしましょう。一般的に論文では「だ・である」調、作文では「です・ます」調がふさわしいとされていますが、公務員試験の作文では「だ・である」調のほうが適切です。

　論作文や作文で使用する言葉は、話し言葉である「口語」ではなく、書き言葉の「文語」です。一般的と思われる言葉であっても、論作文にはふさわしくないものをここで確認しておきましょう。また、日常では正しい用語であっても、論作文では別な表現に言い換えなくてはならないものもあります。言い換え表現を覚えておくようにしましょう。

論作文・作文での言葉と表現・基本ルール

① 話し言葉（口語）は避けて、書き言葉（文語）にする

② 自分を表す一人称は、男女ともに「私」で統一する

③ 文体を「〜だ」「〜である」調か、「〜です」「〜ます」調のどちらかに統一する

④ 「！」「？」や、文末の「…」はなるべく使用しない

⑤ 一部の人にしかわからない固有名詞は使わない

気をつけたい用語

● 論作文・作文試験で言い換えるべき用語

日常では間違いではない用語ですが、論作文・作文試験では下記のように記述を変更しましょう。

× お父さん・お母さん、親御さん	⟶	○ 保護者
× (幼稚園・保育所の) 先生	⟶	○ (幼稚園) 教諭、保育士、保育者
× お年寄り	⟶	○ 高齢者

●「ら」抜き言葉は避ける

「可能 (〜できる)」の意味で、「ら」を抜いた記述は避けましょう。

× 見れる	⟶	○ 見られる、見ることができる
× 見れない	⟶	○ 見られない、見ることができない
× 食べれる	⟶	○ 食べられる、食べることができる
× 食べれない	⟶	○ 食べられない、食べることができない

● 話し言葉は書き言葉に言い換える

下記のような話し言葉はもちろん、「マジで」「ヤバい」などのくだけた言葉は、論作文や作文ではもちろん、面接でも使用しないものです。

× 〜しちゃいけない	⟶	○ 〜してはいけない
× 〜じゃない	⟶	○ 〜ではない
× 〜なんである	⟶	○ 〜なのである
× 〜みたいな	⟶	○ 〜のような
× 〜けど	⟶	○ 〜だけれど
× 〜とか	⟶	○ 〜など
× すごく	⟶	○ とても、非常に
× やっぱり	⟶	○ やはり
× だけど	⟶	○ しかし
× そういう	⟶	○ そのような
× ちゃんと	⟶	○ きちんと
× なので	⟶	○ だから

● 略語は使わない

× バイト	⟶	○ アルバイト
× 部活	⟶	○ 部活動

時事知識

保育所保育指針 　　　　　　　　Check ☐

　　保育所において、すべての子どもの健康・安全・発達を保証するうえで、保育の水準を保つためのガイドラインのことです。厚生省（現・厚生労働省）によって1965（昭和40）年に制定。これまでに4回の改定がおこなわれています。

　　最近の2018（平成30）年の改定で下記5点が基本的な方向性になりました。

```
●乳児・1歳以上3歳未満児の保育に関する記載の充実
●保育所保育における幼児教育の積極的な位置づけ
●子どもの育ちをめぐる環境の変化を踏まえた健康及び安全の記載の見直し
●保護者・家庭及び地域と連携した子育て支援の必要性
●職員の資質・専門性の向上
```

　　また、2008年の改定から保育所保育方針が告示化※されたため、保育所や保育関連施設にとって最低基準として守るべき指針となり、法的拘束力をもつようになりました。

　　　　　　　　　　　　※国や地方自治体が、必要な事項を明らかにする行為のことを「告示」といい、告示
　　　　　　　　　　　　　をおこなうように「告示化」された事項は、法律的な意味をもつことになる。

幼保一元化 　　　　　　　　　　Check ☐

　　幼稚園と保育所の機能を一体化させる政策のことです。保育所と幼稚園は、管轄する省庁が異なり（保育所は厚生労働省、幼稚園は文部科学省が管轄）、また、その目的や預かる子どもの年齢や保育時間などが、法律によって明確に区別されています。

　　しかし近年では、延長保育を実施する幼稚園が増え、保育所でも幼稚園のような教育をおこなうなど、その境界がはっきりとしなくなってきています。その中で、幼稚園と保育所の機能をあわせもった認定こども園がつくられることになりました。これは、保育所の定員オーバーによって発生している待機児童問題を解決するものと、期待されています。

　　現在では、幼稚園認可や保育所認可とは異なる「幼保連携型こども園」を取得して創設する施設が増え、そこには保育士資格と幼稚園教諭免許の両方を取得した保育教諭（→P.28〜29）が配置されます。

子ども・子育て支援新制度 Check ☐

2012年成立の「子ども・子育て支援法」にもとづき、2015年度から開始された新制度です。下記のような枠組みで子育てを社会全体で支え、量の拡充と質の向上を目指します。

- 幼保連携型の認定こども園制度の拡充によって、幼保一元化を進める。
- 地域に必要な子ども・子育て事業の提供のため、市町村が計画的な整備をおこなう。
  → 制度開始前に、「市町村子ども・子育て支援事業計画」がつくられ、市町村ごとに5年間を計画期間としている。
- 「保育の必要性の認定」によって、さまざまな保育施設が利用できる給付制度の実施。
- 事業所内に保育施設を設置する等、子育てしやすい環境を整える企業を支援。

「保育の必要性の認定」の仕組み

保育を必要とする子ども
- 3歳児以上→2号
- 3歳児未満→3号

保育を必要としない子ども
- 1号

保育の必要性の認定
＝
保育所などの
利用を認める

幼稚園の
利用を認める

保育の必要性は認定しないものの、
地域の子育て支援事業や
一時預かりなどの事業を提供

待機児童問題 Check ☐

保育所への入園を希望しているのに、満員で入園できずに定員が空くのを待っている子どものことを「待機児童」と呼びます。国による「待機児童解消加速化プラン」（2013から2017年度）、「子育て安心プラン」（2018から2020年度）や「子ども・子育て支援新制度」（2015年から）の取り組みにより、受け入れ施設が増え、全国的に待機児童数は減少しました。しかし、特に都市部では建築用地の不足や財源確保の理由から、「待機児童ゼロ」にはなっていません。

公立保育所の民営化

Check ☐

　これまで自治体が設立、運営してきた保育所を、民間への業務委託や指定管理者制度によって民営化をおこなうことが増えています。現在、保育所全体の数は増えているものの、施設の管理と運営のすべてを自治体がおこなう公設公営の保育所の数は減少傾向にあります。

　公立保育所の民営化には、次のような方法がとられます。

- 施設を民間に譲渡もしくは貸与。
- 指定管理者制度の導入。
  - →公的施設の運営を、企業や法人などに代行させることができる制度。
- 廃止ののちの新設。
  - →公立保育所を一旦廃止したうえで、民営保育所として新設し、園児をすべて転園させる。

　民営化されたあとの保育所は、法人や企業が運営をおこないます。運営費の削減や、受入児童数の増加などのメリットは多いですが、責任の所在が不明になりやすいなど、福祉を担う施設としてのさまざまな問題があり、訴訟に発展している例もあります。

育児・介護休業法

Check ☐

　正式名称は「育児休業、介護休業等育児又は家族介護を行う労働者の福祉に関する法律」で、1歳未満の子どもを養育するために、労働者が休業できる制度が定められています（休業は父母どちらでも可能）。もし保育所に入所できないなどの理由がある場合は、休業を最長2歳まで延長できます。また、2021（令和3）年から、看護休暇が時間単位で取得できるようになりました。

　他にも、下記のような育児に関する制度が含まれています。

- 育児のための所定外労働の制限（残業の免除）。
- 育児・介護のための時間外労働の制限。
- 育児・介護のための深夜業の制限。
- 育児のための短時間勤務。
- 3歳から小学校就学の始期に達するまでの所定労働時間短縮等の措置。

少子化

　生まれる子どもの数が減って、低い出生率が継続することを少子化と呼びます。少子化が進むと、現在の人口の維持ができなくなるだけでなく、経済や社会保障などに深刻な影響をおよぼすことになります。

　1人の女性が一生に産む子どもの平均数である「合計特殊出生率」は、少子化をはかる目安とされ、その数値が2.08を下回ると少子化状態であると考えられています。日本では、2005（平成17）年には1.26にまで減少し、近年は少し数値を回復しつつあるものの、少子化の状態は続いています。

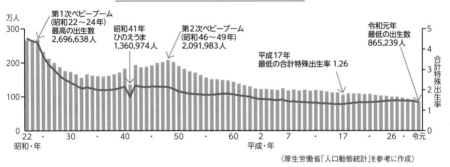

出生数及び合計特殊出生率の年次推移

〈厚生労働省「人口動態統計」を参考に作成〉

　日本における少子化には理由がいくつかあるものの、女性が働きながら子どもを育てられる環境をつくることが少子化対策の第一と考えられています。2003（平成15）年には、少子化に的確に対処するために「少子化社会対策基本法」が制定されました。

児童福祉法　Check ☐

　子どもの出生・育成・生活をすこやかに保つことを目的に、1947（昭和22）年に制定された法律で、子どもを保護するための禁止行為や、児童福祉施設などの制度について定められています。

　保育所の役割は、この児童福祉法によって定められており、保育士がどのような職業であるかも規定されています。

学校教育法　Check ☐

　学校教育制度の基本を定めた法律です。幼稚園については、この法律によって「学校」と規定されており、幼稚園教諭がどのような職業であるかも記されています。

　さらに幼稚園は、「幼稚園教育要領」によって保育内容が定められ、それに従って、幼稚園教諭は教育・保育をおこなうことになります。

食育 Check ☐

　子どもの豊かな人間性を育むために、国や地方自治体が「食育」を推進していくことについての、「食育基本法」が2005（平成17）年に制定されました。食育基本法による、食育の定義は次のとおりです。

● 生きるうえでの基本であり、知育・徳育・体育の基本になるもの。
● さまざまな体験によって、「食」についての知識と、「食」を自ら選択する力を身につけ、健全な食生活が実践できるようにする。

　また、2004（平成16）年の厚生労働省による「楽しく食べる子どもに〜保育所における食育に関する指針〜」では、食育の5つの目標を設定しています。

❶ お腹がすくリズムのもてる子ども　　❸ 一緒に食べたい人がいる子ども
❷ 食べたいもの、　　　　　　　　　　❹ 食事づくり、準備にかかわる子ども
　 好きなものが増える子ども　　　　　❺ 食べものを話題にする子ども

児童虐待 Check ☐

　児童虐待は、①身体的虐待、②性的虐待、③ネグレクト（保護の怠慢・拒否）、④心理的虐待の4種類に分類され、いずれも保護者によって行われる場合を指します。
　児童相談所における児童虐待対応件数は、統計を取り始めた1990年には1,010件でしたが、2018年には159,838件と増大しており、その特徴も前年度の数値を1度も下回ることなく右肩上がりで増えています。児童虐待の種類別では、心理的虐待が最も多くなっています。
　保育現場では、児童虐待の早期発見のため、子どもの心身の状態や養育状況などを注意して観察する必要があります。不適切な養育状況などから児童虐待が疑われる場合は、すぐに市町村や関係機関と連絡をとる必要があります。
　また、虐待を事前に防止する方法として、保育者は、下記の4つのリスク要因（厚生労働省『子ども虐待対応の手引き』平成25年8月改正）を注意深く観察することが効果的です。

❶ 多くの親は子ども時代に大人から愛情を受けていなかったこと。
❷ 生活のストレス（経済不安や夫婦不和や育児負担など）が積み重なって危機的状況にあること。
❸ 社会的に孤立し、援助者がいないこと。
❹ 親にとって意に沿わない子（望まぬ妊娠・愛着形成阻害・育てにくい子など）であること。

食物アレルギー　　　　　　　　　　　Check ☐

　食物アレルギーとは、特定の食物が原因となり免疫学的機序（体を守る働きを免疫と言う）を介して、じん麻疹・湿疹・下痢・咳などの症状が起こることを言います。重篤な場合には、呼吸困難やアナフィラキシーショックを引き起こして死に至る場合もあります。

　食物アレルギーを起こしやすい食品として、卵、乳、小麦、えび、かに、落花生、そばの7品目が特定原材料として表示が義務づけられています。この他に、バナナ、キウイフルーツなども食物アレルギーを起こしやすい食品です。

　保育現場での対応として、①必ず医師の指示を仰いで対応する、②エピペン®は、子どもの生命を守るために全職員が扱えるようにする、などが重要です。

※エピペン®とは、アナフィラキシー発症時に医師の治療を受けるまでの間、アナフィラキシー症状を緩和させる補助治療剤です。エピペン®は自己注射であり、患者が自分で注射しやすいように工夫されています。しかし、保育現場や小学校では、子どもが低年齢であるために、保育者や教師が子どもにエピペン®を打つ必要があります。

発達障害　　　　　　　　　　　　　　Check ☐

　自閉症・アスペルガー症候群などの広汎性発達障害、学習障害、注意欠陥多動性障害などの、脳機能に関係する障害のことで、2つ以上の発達障害を併発していることもあります。これらの障害がある子どもは、周りの人とのコミュニケーションが苦手でも、優秀な能力を発揮する分野もあり、そのアンバランスさが理解されにくいです。発達障害児が社会に適応できるように、保育者は適切なサポートをおこなう必要があります。

発達障害の特性

知的障害を
ともなうことがある

広汎性発達障害

〈 自閉症 〉
● 言葉の発達の遅れ
● コミュニケーションの障害
● 対人関係・社会性の障害
● パターン化した行動、こだわり

〈 アスペルガー症候群 〉
● 言葉の発達の遅れは、基本的にない
● コミュニケーションの障害
● 対人関係・社会性の障害
● パターン化した行動、興味・関心のかたより
● 不器用（言語発達に比べて）

注意欠陥多動性障害（ADHD）

● 不注意
● 多動・多弁
● 衝動的に行動する

学習障害（LD）

● 「読む」「書く」「計算する」などの能力が、全体的な知的発達と比べて極端に苦手

〈「発達障害情報・支援センター」ホームページを参考に作成〉

監修

木梨美奈子 (きなし・みなこ)

LEC 東京リーガルマインド講師。これまでに東京福祉専門学校、東京福祉大学などの講師を経て、現在、日本保健医療大学で看護学科、理学療法学科の「社会福祉学」の講師として教鞭をとっている。

東京音楽大学声楽科を卒業後、保育士養成分野では音楽理論、音楽実技を指導。その後、慶應義塾大学法学部卒業後、大手資格スクールで保育士国家試験科目「社会福祉」「子ども家庭福祉」などの法令関連の科目を担当。2012年に自らも保育士国家試験に合格し、現在は全科目の試験対策講座を担当。試験の傾向と対策の分析が的確であり、毎年多くの保育士試験合格者を輩出している。また、現役の保育士・幼稚園教諭のために研修のプログラム作成・監修、講演会の仕事にも積極的に取り組んでいる。

STAFF

編集協力	スタジオダンク（渡邊雄一郎）
	三浦由子
本文デザイン	スタジオダンク（中川智貴、中村理恵）
	中平正士
イラスト	イイノスズ

保育士・幼稚園教諭採用試験 面接試験攻略法
改訂版

監修	木梨美奈子
発行者	佐藤 秀
発行所	株式会社 つちや書店
	〒113-0023
	東京都文京区向丘1-8-13
	TEL 03-3816-2071
	FAX 03-3816-2072
	E-mail　info@tsuchiyashoten.co.jp
印刷・製本	日経印刷株式会社